Armonía Rodríguez

CRISTÓBAL COLÓN

Título original:
Cristóbal Colón
Armonía Rodríguez

Texto original:
© 1973-1977 • **ARIEL** • **JUVENIL ILUSTRADA**

Segunda edición © 2019 • **ARIEL** • **JUVENIL ILUSTRADA**
Calle Nueva Ventura N58-102 y Juan Molineros
Telf: 328 4494 / 328 1868
e-mail: editorial@radmandi.com
www.radmandi.com
Quito - Ecuador

Coordinación general: Lucas Marcelo Tayupanta
Dirección del proyecto: Jonathan Tayupanta Cárdenas
Diseño y diagramación: Andrés Felipe Rodríguez
Ilustración portada: Nelson Jácome
Ilustraciones: Nelson Jácome

ISBN: 978-9978-18-496-7

Todos los derechos reservados.

CONSEJO EDITORIAL DE HONOR

Benjamín Carrión

Alfredo Pareja Diezcanseco

Hernán Rodríguez Castelo

Rafael Díaz Ycaza

CRISTÓBAL COLÓN

Aún no se sabe con absoluta certeza el lugar de nacimiento de Cristóbal Colón. Pero se dice y escribe que fue en Génova en el año 1451.

CAPÍTULO I

América existía ya mucho antes de que Cristóbal Colón y los hombres que le acompañaban pusieran los pies en aquella nueva tierra. ¿En qué consistió, entonces, el gran descubrimiento de Cristóbal Colón? ¿Cómo puede descubrirse una cosa que ya existe?

Pero sí. Cristóbal Colón descubrió la existencia de un nuevo continente para el reino de Castilla. Un nuevo continente que atrajo rápidamente la atención y los deseos de conquista de otras poderosas naciones europeas, tales como Inglaterra y Portugal.

Cristóbal Colón descubrió América para los europeos.

Sin embargo, este nombre, «América», no se deriva del nombre del insigne navegante, y sí de otro marino de la época: Américo Vespucio.

¿Qué ocurrió, en realidad? ¿Acaso Américo Vespucio llegó antes que Cristóbal Colón al Nuevo Mundo? ¿Tal vez este piloto veneciano usurpó para sí esta gloria cuando en el año 1499 arribó a las costas de Venezuela piloteando una de las naves de Juan de la Cosa y Ojeda?

Lo cierto es que, un año antes, en 1498, Cristóbal Colón llegó a las costas de Venezuela en aquella búsqueda insaciable que presidió toda su vida por encontrar «tierra firme» y que, tomando aquella nueva playa por otra isla, la bautizó con el nombre de Isla de Gracia.

En aquel entonces, Cristóbal Colón no supo intuir que estaba pisando un nuevo continente y que este tampoco sería aquella famosa tierra del Gran Kan que tan ansiosamente deseaba encontrar.

Años más tarde, Cristóbal Colón moriría sin saber que entre Europa y la India se interponía una nueva tierra que, más tarde, recibiría el nombre de «América». Para él, las tierras que hasta entonces había descubierto siempre serían las Indias.

Pero, veamos paso a paso, cómo fue posible esta, para aquella remota época, gran hazaña.

* * *

Los orígenes de Cristóbal Colón han sido siempre muy oscuros. A lo largo de la historia se ha especulado con la posibilidad de que el famoso navegante no fuese genovés, como puede suponerse por la mayoría de los documentos encontrados. Se ha afirmado que era francés, catalán e incluso castellano. Se apoyan estas afirmaciones en el hecho de que Cristóbal Colón no sabía escribir el italiano. Los documentos que se han encontrado escritos de puño y letra por el Almirante están redactados en castellano, incluyendo las cartas que cruzó con algunas personalidades italianas.

Sin embargo, en la Corte de Castilla siempre se le consideró como un extranjero.

No obstante, hay que hacer notar que en Castilla, en aquella época, un aragonés o un andaluz también era considerado como un foráneo.

Bien pudiera ser que el navegante fuese, efectivamente, genovés, pero que no aprendiese a escribir hasta que llegó al reino de Castilla.

Al parecer, ninguno de los hermanos Colón poseía una extensa cultura. Y nos referimos aquí a esa sabiduría libresca adquirida en los gruesos volúmenes o frecuentando las clases de los ilustres sabios de la época.

Ni Juan ni Diego Colón acudieron en sus años mozos a una universidad; ni Cristóbal ni Bartolomé tuvieron nunca un preceptor.

El padre de los cuatro hermanos Colón poseía una taberna cerca del puerto genovés y allí se daban cita navegantes catalanes, griegos, sicilianos y mercaderes de las ciudades del Báltico y el Rin.

Por su nombre, Doménico Colombo, se puede suponer que el padre de Cristóbal Colón era, efectivamente, genovés, o cuando menos, italiano. Pero bien podía tener un origen extranjero y convertirse posteriormente en genovés de adopción. Innumerables documentos, no obstante, nos ilustran que, como mínimo, los padres del descubridor se habían aposentado en Génova mucho antes de que sus hijos nacieran.

La madre de Colón, Susana Fontanarrosa, cuidaba de la taberna mientras su marido, tejedor de oficio, callejeaba por el puerto siempre en busca de algún comerciante que quisiera comprar los pobres tejidos que él y algunos de sus empleados tejían laboriosamente durante interminables horas.

Detrás del local que servía de taberna se ampliaba la vivienda, y en un altillo de la casa dormían, en una sola habitación, los cuatro hijos del matrimonio.

El trabajo de la taberna era agobiador, especialmente cuando llegaba alguna nave. Entonces, los cuatro hermanos tenían que ayudar a su madre y a las mozas trayendo y llevando de la cocina platos humeantes y subiendo de la bodega pesados toneles de buen vino de Liguria.

En aquel ambiente los chicos aprendieron las primeras cosas sobre el mar. Los muchachos se quedaban fascinados por las terribles narraciones de los marineros en las que se describían mares donde hervían las aguas y surgían, de improviso, monstruos increíbles y capaces de hundir de un solo coletazo el navío potente y pesado.

Por la noche, cuando ya la taberna estaba cerrada y sus padres realizaban las cuentas del establecimiento a la luz de una vela, en la recámara donde dormían los cuatro hermanos, estos intercambiaban opiniones sobre las fantásticas historias que habían escuchado durante el día.

Bartolomé, quien ya desde niño quería dedicarse a la navegación, dibujaba entonces mapas imaginarios, bautizando a los países que su imaginación creaba con nombres extraños y exóticos.

Doménico Colombo tenía puestas todas sus esperanzas en su hijo mayor Cristóbal, para que este siguiera la tradición de la familia o bien se hiciera tejedor o se dedicase a regentar el establecimiento. Pero Cristóbal rehuía deliberadamente de la compañía de sastres, tejedores y vinateros, siendo su principal distracción la de corretear en compañía de sus hermanos por el puerto y charlar con los marineros y escuchar sus fantásticas historias.

Se desconoce con exactitud la fecha de nacimiento del futuro navegante. Por algunos indicios, se puede suponer que esta fecha fue hacia el año 1451, ya que en 1470 aparece por primera vez su firma al lado de la de su padre, en un contrato comercial, y se deduce que en esa fecha contaba diecinueve años.

¿Cómo transcurrió la niñez de Colón? Ese es un gran misterio que nunca se ha podido revelar. Incluso, posteriormente, parece ser que el propio Almirante, ya en la Corte de Castilla, tuvo un especial empeño en no descubrir lo que hizo en la época de su niñez ni en sus primeros años mozos.

«Desde muy tierna edad —dirá más tarde cuando ya era un personaje en la Corte de Castilla— entré en el mar navegando, y no he dejado de hacerlo hasta la fecha». Esta afirmación data de 1501 e insiste en que llevaba cuarenta años navegando. Si hemos de tomar por cierta esta afirmación, presupone que a los once años el futuro descubridor de América ya había tomado contacto con el mar.

Lo más probable es que los humildes orígenes de Cristóbal Colón no fuesen, precisamente, una buena carta de presentación en la Corte de Castilla, y el futuro almirante no solo se preocupó de ocultarlos, sino

también de disfrazarlos.

Podemos dar por buena la idea bastante extendida de que, efectivamente, Cristóbal Colón empezó a navegar a los diez u once años como grumete en algún barco, y que aprovechó los diversos viajes que realizó para comerciar con los tejidos de su padre.

Lo cierto es que, a lo largo de toda su vida, Cristóbal Colón mostró una inclinación mercantil que marcaron declarados rasgos de tacañería y avaricia.

La escuela que Cristóbal Colón frecuentó fue el trato cotidiano con los marineros, mercaderes y corsarios, considerados, estos últimos, como gente honorabilísima que muchas veces estaba al servicio de poderosos señores.

Hoy en día se consideraría a Cristóbal Colón como un autodidacta, ya que todo lo que sabía —contrariamente a lo que más tarde afirmaría uno de los hijos de Colón, Fernando Colón, quien escribió una biografía de su padre en la que aseguraba que el Almirante cursó estudios en la Universidad de Pavía— lo había aprendido a través del esfuerzo cotidiano y de la práctica diaria en lucha con el mar.

Por una carta escrita posteriormente a los Reyes Católicos, los historiadores y biógrafos de Colón han podido averiguar que, en el año 1472, cuando contaba con veintiún años, mandaba ya una nave de la flota del francés Renato de Anjou, quien a la sazón estaba en guerra contra Juan II de Aragón, padre del rey don Fernando el Católico, heredero de la corona.

Este dato no deja de ser curioso ya que el antiguo corsario, que debió tomar parte en más de una batalla

contra las naves de su padre, se pondría posteriormente al servicio de su hijo y ya no lo abandonaría hasta el fin de sus días.

Era entonces el Mediterráneo un hervidero de corsarios, y no es aventurado suponer que Cristóbal Colón, como marinero audaz e inteligente, estuviera a las órdenes de un francés llamado Coullon, quien era almirante de la flota de Renato de Anjou.

La presa y el botín, pues, fueron los primeros incentivos que tuvo el futuro almirante para navegar durante sus años mozos.

Los buques mercantes del enemigo eran presa legal de quien los derrotaba, y las mercancías que transportaban eran repartidas entre todos los que habían tomado parte en la batalla.

Entre los años 1470 y 1472, diferentes documentos demuestran que Cristóbal Colón disfrutaba de una economía saneada que le permitió saldar las deudas que su padre había contraído en momentos de apuro.

Y fue, precisamente, Colombo Junior (uno de aquellos corsarios que entonces merodeaban por el Mediterráneo) el responsable de que Cristóbal Colón fuese a parar a las costas de Portugal. Desde ese país, el navegante pasaría después a España y ya nunca dejaría de estar al servicio de la corona de Castilla.

CAPÍTULO II

Ocurrió que las naves de la flota y de Colombo Junior entraron en lucha frente a las costas de Portugal. Desde Lisboa, una multitud de curiosos pudieron ser testigos de la escalofriante batalla.

Los barcos se lanzaban unos contra otros y los incendios de las naves llevaban hasta la costa sus luminosos reflejos.

El barco que capitaneaba Cristóbal Colón pronto fue presa de las llamas y este, dispuesto a morir en el mar que antes consumido por el fuego, se lanzó al agua junto con otros marineros.

Mas la buena fortuna quiso que el joven capitán pudiera asirse a uno de los remos que flotaba sobre el agua e intentase la hazaña de ganar la lejana costa a nado.

El 13 de agosto de 1476, destrozado por la fatiga, abiertas las llagas causadas por la batalla y el incendio, con la ropa hecha jirones y apoyado en aquel remo salvador, llegó Cristóbal Colón a las costas de Lisboa.

Para Cristóbal Colón aquella llegada accidental a Portugal fue providencial. Aquel país hervía con el

ímpetu famoso de sus descubrimientos. Lisboa era una verdadera universidad donde el joven navegante podía completar sus estudios marineros. Desde allí era posible embarcarse rumbo a Levante, a las costas del mar del Norte y las Azores. Finalizada la Reconquista, Portugal desbordaba el caudal de energía acumuladas en siglos de lucha contra el moro, y se lanzaba con heroísmo a las más arriesgadas empresas oceánicas.

Pero, además, Lisboa era el lugar de cita de los navegantes y cartógrafos más famosos de la época.

A la biblioteca de la corte llegaban los informes más recientes sobre la navegación del mundo entero, el relato de los navegantes, los más modernos instrumentos descubiertos hasta la época.

El invento de la brújula permitiría a los navegantes, a partir de entonces, apartarse de las costas y lanzarse a la aventura de la conquista de los mares tenebrosos. El astrolabio, que llegó a la península a través de los árabes, permitiría conocer a los marineros la altura de los astros y conocer la situación de una nave en alta mar sin necesidad de las cartas geográficas.

Cristóbal Colón se pone al corriente de todos estos inventos cuando llega a Portugal. Y, es más, conoce la obra del viajero veneciano Marco Polo, que ha descubierto a los admirados ojos de los occidentales un mundo maravilloso de riquezas sin fin: India y China.

Los portugueses, quienes habían descubierto en 1419 la isla de Madeira, encontraron una ruta marítima que, bordeando África, los lleve hasta aquellas maravillosas tierras donde había especias, perlas y oro.

Dionisio Díaz llega a Senegal en 1445, y ya desde

1438 funcionaba en Sagres un importante centro de investigación náutica.

Todas estas cosas se descubren entre los maravillosos ojos de Cristóbal Colón, que ya comienza a ver en el mar algo más que un mero elemento al que se le puede sacar un botín saqueando las naves contrarias.

Posiblemente fue en tierras de Portugal donde se agudizó el afán investigador y estudioso de Cristóbal Colón, y allí pasó largo tiempo estudiando libros e informes.

Mas, si nuestro héroe llegó como un pobre y miserable náufrago, ¿cómo pudo obtener una buena posición comercial como agente de la banca genovesa Luigi Centurione?

Sin duda sus conocimientos náuticos le abrieron pronto las puertas de aquella corte dedicada a la navegación, y debió realizar diversos viajes a Inglaterra y a las tierras del norte.

Tal vez cuando fue a Islandia se identificó con las leyendas nórdicas que aseguraban que, ya en el año 1000, los navegantes habían llegado a tierras de Vinlandia, la península del Labrador.

Quizá Colón llegó hasta Groenlandia y meditó seriamente sobre las palabras del filósofo Séneca, que daba como referencia del límite del mundo la fantástica isla de Tule.

Posiblemente fue entonces cuando empezó a reconsiderar que tal vez no era necesario dar la vuelta por África para encontrar una ruta que condujese directamente hasta la India.

En la biblioteca del rey de Portugal, Juan II,

Cristóbal Colón había leído un libro que atrajo poderosamente su atención. El libro en cuestión se titulaba *Imago Mundi* y estaba escrito por el cardenal Pedro d'Ailly, obispo de Cambrai, que había vivido en la primera mitad del siglo XV. El cardenal d'Ailly, apoyándose en geógrafos de autoridad —Tolomeo y algunos árabes de la Edad Media—, llegó a la conclusión de que el mundo tenía una forma esférica.

Satisfacía a Colón esta conclusión y cuadraba perfectamente con la teoría que iba tomando cuerpo en su cerebro de que, si se salía de un punto cualquiera de la Tierra y se navegaba siempre en línea recta, se podría dar la vuelta al mundo y descubrir así una ruta más corta hasta la India.

Mientras todas estas ideas se fueron perfilando en la mente de Colón, en 1480, contrae matrimonio con Felipa Moniz de Perestrello, hija de Bartolomé Perestrello, descubridor de las Madeiras.

Este matrimonio consolidó la posición de Cristóbal Colón en la corte de Portugal, hasta tal punto que el rey Juan II le consideró su «particular amigo».

Pero, además de prestigio en la corte, Colón entró en posesión de toda una serie de documentos, que le facilitó su suegra y que habían pertenecido, en tiempos, al descubridor de las Madeiras.

Los conocimientos de Colón se amplían hasta tal punto que, con ayuda de su hermano Bartolomé, a quien ha llamado a Lisboa, compone un mapa del mundo por encargo del rey de Inglaterra.

Pero si su estancia en Portugal fue muy provechosa para la formación del navegante, no le aportó

mucha felicidad desde el punto de vista particular.

Su esposa, Felipa Moniz, murió muy pronto, dejándole un hijo, Diego, que acompañaría más tarde al navegante en su peregrinación a Europa.

Mientras tanto, entre viaje y viaje, y estudios realizados en la biblioteca de la corte, Colón no desaprovecha la charla con los marineros y parece ser que un día, un piloto llamado Martín Vicente, le contó que había encontrado en el mar un madero labrado por manos del hombre y arrastrado por una corriente del oeste.

—Pero, entonces —murmuró el marino—, eso quiere decir que hay tierras hacia esa parte y no simplemente el mar.

También un cuñado de Colón, un tal Pedro Correa, establecido en Porto Santo, le habló de maderos semejantes que llegaban a las costas de la isla y de gigantescas cañas no conocidas por ninguno de los lugares habitados por el hombre.

Un día, en una de sus escalas en las Azores, un marinero le comunicó haber encontrado en la playa unos cuerpos humanos de raza desconocida.

Cuando Colón frecuentaba alguna taberna para escuchar la conversación de los marineros, recordaba aquellas viejas leyendas oídas tantas veces en el establecimiento de su padre cuando era pequeño.

—Es cierto. Hacia el oeste se encuentra el Paraíso Terrenal que Adán tuvo que abandonar.

—¡Bah! ¡Bah! ¡Todo eso son mentiras! Pero, sin embargo, hacia ese lado se encuentra el país de las Siete Ciudades donde se refugiaron siete obispos cristianos huyendo de los árabes.

Los tiempos no habían cambiado mucho en lo que a leyendas se refería. Ahora, los marineros comentaban en las tabernas que existía una montaña gigantesca, toda de oro, cuya cúspide llegaba hasta el cielo. O que, hacia el oeste, existía una tierra que aparecía y desaparecía a la vista de los navegantes.

También se comentaba la existencia de terribles monstruos que devoraban a los barcos cuando estos osaban alejarse demasiado de la costa.

Naturalmente, ninguna de estas leyendas impresionaba a Colón. Había viajado lo suficiente como para poseer un espíritu más científico.

Sin embargo, como hombre de su época, no podía escapar a viejas supersticiones, y le parecía ver en los antiguos escritos premoniciones geniales de lo que fue más tarde su descubrimiento.

Ya hemos dicho que Séneca le impresionaba. Leyó y releyó continuamente unos versos de Medea, que dicen:

> Vendrán en los tardos años del mundo ciertos tiempos en los cuales el mar océano aflojará los atamientos de las cosas y se abrirá una grande tierra y un nuevo marinero como aquel que fue guía de Jasón, que hubo de nombre Thyphis, descubrirá un nuevo mundo y entonces no será la isla de Tule la postrera de las tierras del mundo.

Cristóbal Colón soñó con ser ese nuevo Thyphis. Y ese sueño no le abandonará nunca hasta el fin de sus días.

* * *

En Lisboa, Colón entra en contacto con las teorías de Paolo dal Pozzo Toscanelli, quien, el 25 de junio de 1474, escribió una carta, que desea le sea transmitida a su majestad, el rey de Portugal, para anunciarle que hay una ruta más corta hacia la India que aquella que se busca por Guinea. Junto con la carta, Toscanelli adjunta un mapa que ilustra su teoría. Sin saber por qué, esta carta y este mapa, si bien quedaron registrados en el gabinete del monarca o en el archivo de Sagres, no llamaron la atención de ninguno de los navegantes de la época.

Colón tuvo acceso a los dos lugares y estudió detalladamente el mapa del insigne florentino.

Mas, deseoso Colón de saber más detalles, decide escribir al cosmógrafo y a través de esta correspondencia llega a la conclusión de que sus propias teorías coinciden con las del matemático florentino en los siguientes puntos:

1. La Tierra es redonda, como ya había apuntado Pedro d'Ailly apoyándose en la teoría de Tolomeo.
2. La distancia entre la costa occidental de Europa y la oriental de Asia es de unas 600 leguas marinas.
3. Esa distancia es fácilmente superable contando con las islas desconocidas que sin duda se encuentran en medio del océano.

En ese momento, Cristóbal Colón comete un error fundamental al suponer que el círculo máximo de la tierra es de 30.000 kilómetros, cuando en realidad hoy en día sabemos que es de 40.000 kilómetros.

Para él las tierras de Cipango (Japón) y Catay (China), de las que habla Marco Polo, están mucho más próximas por la ruta oceánica que dándole vuelta por África.

Y, reconfortado por la coincidencia con Toscanelli, decide dar una nueva ruta marítima.

CAPÍTULO III

Desde su trono, Juan II habla cariñosamente a Cristóbal Colón, pero con una cortesía distante:

—Veamos, mi particular amigo, ¿cuál es la petición que venís a hacerme?

—No pido nada para mí, majestad. Solamente deseo servir a la grandeza de Portugal.

—¿Cómo es eso? ¿Qué queréis decir?

—Os he preparado un informe detallado, majestad. En estos papeles —dijo Colón adelantando la mano donde llevaba su informe minuciosamente preparado— encontraréis todos los detalles. Yo sé que se puede llegar a la India por una ruta mucho más corta que la que se busca dando la vuelta a África.

—A ver, a ver —dijo de forma distraída el monarca.

Durante breves momentos, el rey estudió el informe de Cristóbal Colón. Juan II de Portugal, desde que había sucedido a su padre, tenía fama de ser el rey perfecto, el rey que se preocupaba por la grandeza de su reino y que veía, precisamente, en la expansión por el mar, su mayor gloria.

Mientras el monarca ojeaba el informe, Colón se mordía nerviosamente los labios.

Sin esperar a que el rey termine de mirar el informe. Colón insiste:

—Lo que yo os propongo, majestad, no es solamente una empresa mercantil, es también una empresa piadosa. Pensad que millones y millones de nuevos cristianos aclamarán la gloria de Portugal.

El rey suspende el examen del documento y mira a Colón.

—Esa es una cuestión difícil, mi particular amigo. Portugal todavía no se ha repuesto de las empresas materiales que ha emprendido. Aún no se ha empezado a recibir todo el beneficio que se esperaba de las navegaciones.

Y viendo que Colón quería intervenir de nuevo, añade:

—Todo, por ahora, han sido gastos. Gastos y gloria, pero beneficios pocos.

—Pero, majestad —añadió Colón—, pensad que, si reducís la ruta hacia las Indias, el beneficio económico será notable e inmediato. Y eso sin contar las riquezas que en los nuevos países podamos encontrar y que serán para el reino de Portugal.

—Lo sé, lo sé, mi particular amigo. Pero ¿no será un error, ahora que parece que el momento de la gloria y el beneficio puede equilibrarse, lanzarse a una nueva aventura de conquista que agote las posibilidades del tesoro del reino?

Cristóbal Colón, a pesar de que era un hombre de verbo exaltado, ya no encontró más argumentos para

convencer al monarca. No obstante, el rey, viendo la decepción reflejada en el rostro del navegante, añadió:

—De todas formas, pasaré el informe a mi junta de matemáticos, y si ellos consideran que este viaje es tan fácil y poco arriesgado, tal vez me decida a proyectarlo.

A un leve gesto de la mano del monarca, supo Cristóbal Colón que debía retirarse. También sabía que le esperarían largos días de angustia hasta que la junta de matemáticos pudiera reunirse. Un viejo dicho popular asegura que «las cosas de palacio van despacio», y en tiempo de Colón, eso también era una realidad.

Por fin, tras largos días de espera, recibió Cristóbal Colón la notificación de que debía presentarse en la corte para escuchar el dictamen de la junta de matemáticos de Juan II.

La junta estaba compuesta por ilustres hombres de ciencia, tales como Diego Ortiz, obispo de Ceuta; maese Rodrigo y maese Josepe, ambos insignes hombres de ciencia judíos al servicio del rey de Portugal. Pero a pesar de la sabiduría de estos hombres, un hecho muy importante dificultó el entendimiento entre Cristóbal Colón y los sabios: Colón tenía el genio vivo y estaba formado en la dura escuela de la vida. La junta, sin embargo, estaba compuesta por hombres de biblioteca, de universidad, de larga tradición cultural, poco dados a la fantasía. Cipango y Catay, datos sacados sobre todo de *Los viajes de Marco Polo*, no constituían pruebas científicas suficientes para los tres matemáticos que consideran el proyecto de Colón como una mera fantasía.

—Pero, señores —protesta Colón—, y ¿la carta de Toscanelli?

Los tres sabios se miraron entre sí.

La carta de Toscanelli hace cinco años que dormía en los archivos reales y nadie se ha ocupado de revisarla.

Colón salió decepcionado de aquella entrevista y con la firme convicción de que ya nada podía esperar de la corte de Portugal.

Sin embargo, abrir aquella ruta marítima y encontrar Cipango y Catay se ha convertido en una auténtica obsesión para él. Mas, ¿a quién dirigirse? La empresa es demasiado costosa para que pueda emprenderse sin la ayuda de un tesoro real. Así, pues, es a otro país al que debe dirigirse.

¿Francia? ¿Inglaterra? Cristóbal Colón recuerda lo que el cardenal d'Ailly dice en uno de los pasajes de su *Imago Mundi*: «Franceses e ingleses son expertos navegantes, pero nada conocen de astrología y no se cuidan, como el rey de Portugal, de buscar el consejo de los matemáticos».

Cristóbal Colón duda. Y mientras toma una decisión, decide copiar el mapa de Toscanelli y todos los datos de la primera página de uno de sus libros. Sabe perfectamente que está cometiendo un terrible delito contra el rey de Portugal y que este podría, no solo mandarle a encadenar, sino condenarle a muerte por alta traición, pero se arriesga.

Aquel es su argumento secreto si quiere convencer a otro monarca de llevar a cabo su proyecto.

Por fin, mientras su hermano Bartolomé se embarca para Inglaterra, donde tenía buenas amistades, él tomó el camino de España, acompañado de su hijo Diego.

Cristóbal Colón cree que en la Corte de Castilla podrá convencer a los más reticentes matemáticos mostrándoles aquel documento supremo, que para él representa el mapa de Toscanelli.

Y así, escondido bajo un hábito de franciscano, Cristóbal Colón abandonó Portugal tan humildemente como había llegado a aquel país.

Pero el navegante tiene miedo. Sabe que ha robado de la corte un tesoro valiosísimo —aunque ignorado por muchos— y teme las represalias reales. Sabe que puede ser perseguido por la justicia y conducido de nuevo a Lisboa para dar cuenta de su traición.

Pero nada de todo eso sucede. En las alforjas de su mula lleva la *Historia Rerum* de Eneas Silvio —papa Pío II— y en una de las hojas en blanco, copiado, el mapa de Toscanelli y algunos datos que considera imprescindibles para reconstruir su proyecto que se ha quedado en la corte de Portugal.

Muchos historiadores aseguran que Juan II, ayudado por los datos de Colón, mandó a fletar una embarcación para seguir la ruta que proponía el navegante. Pero al no encontrar ninguna tierra en su camino en la distancia, que el futuro descubridor había asegurado, volvió a su país. Y no es extraño que, efectivamente, esto hubiera sucedido así, ya que, con ánimo de que su proyecto fuese aceptado por la corte, Cristóbal Colón había rebajado considerablemente las cifras de la distancia real en la que él suponía podían encontrar las primeras islas.

* * *

Tras largos días de camino, por fin logró Cristóbal Colón cruzar las fronteras del país y, una vez en España, dudó hacia dónde dirigir sus pasos.

Muchos biógrafos del Almirante se han interrogado por qué razón se dirigió hacia un pequeño pueblo andaluz llamado La Rábida, en lugar de dirigirse directamente a la Corte de Castilla.

La respuesta más fácil es que tal vez Cristóbal Colón se proponía encontrar a unos parientes de su difunta esposa que pudieran hacerse cargo de su hijo.

Otra hipótesis es que quizá el navegante conocía la existencia y la fama de un sabio franciscano llamado Antonio Marchena, versado en cosas de cosmografía y residente en un convento de La Rábida.

O, sencillamente, se dirigió hacia las costas de Huelva porque aquella era tierra de marineros, armadores, y allí conocía a importantes personalidades en quienes apoyarse antes de presentar su proyecto a la Corte.

Y así fue como un día, Cristóbal Colón, vestido con un hábito de franciscano, llamó a la puerta del convento de La Rábida para pedir un poco de comida y hospitalidad para él y su hijo Diego.

CAPÍTULO IV

En el convento de La Rábida, Cristóbal Colón no solo encontró asilo y comprensión, sino también amigos. En sus largas conversaciones con el monje Antonio Marchena y otros visitantes del monasterio, como el piloto Pedro Velasco, encontraba el navegante una reafirmación de sus profundas convicciones.

Un día, Pedro de Velasco le dijo:

—Sí, amigo mío. Estas no son historias inventadas por marineros supersticiosos. Yo mismo, navegando con Diego de Teive, encontré una vez una isla adentrándonos en el mar, en la cual anidaban miles de pájaros. Y esos pájaros seguían, después, rumbo al oeste.

—Sabido es —intervenía el monje— que los pájaros solo emigran hacia el lugar donde hay otras tierras y no solamente al mar.

—Además —intervenía Colón—, si la tierra es redonda, un día u otro se tiene que volver al punto de partida, y eso sin contar con que se encuentren nuevos territorios ahora ignorados.

Esta conversación, hoy en día, puede parecernos peregrina. Todo el mundo sabe que la Tierra es redonda. Pero en aquella época las cosas no estaban tan claras. Muchas personas creían que era plana y que el final del mar solo estaba constituido por una inmensa catarata que se precipitaba en el vacío. De ahí las terribles leyendas que inventaban los supersticiosos marineros.

Colón, como muchas otras personas antes que él, se había dado cuenta que desde lo alto de un mástil se podía observar un radio de visión muchísimo más amplio que desde la cubierta de un barco. Y también que, cuando un barco se perdía en la lejanía, lo último que se divisaba de él era la punta de su palo mayor.

Todos estaban, además, convencidos de que más allá de los mares se encontraban asombrosas riquezas que solo esperaban que alguien viniese a recogerlas.

Y así, poco a poco, Colón fue acariciando la nueva idea de presentar su proyecto a los reyes de Castilla.

Mientras tanto, España se preparaba a acabar con el dominio musulmán, y a la euforia de un país recuperado se unía el deseo de gloria, grandeza y unificación que había inspirado el matrimonio de los Reyes Católicos.

Corría el año 1485, y después de dejar a su hijo Diego al cuidado de los monjes de La Rábida, Cristóbal Colón decidió dirigirse hacia Sevilla, donde a la sazón se hallaba instalada la corte y la más alta nobleza castellana.

En Sevilla, fue huésped del duque de Medinaceli, quien era un hombre apasionado por el mar y que disponía de astilleros propios en el puerto de Santa María.

Lentamente, valiéndose de esta amistad y de las recomendaciones del prior de La Rábida, Cristóbal Colón fue abriéndose paso en la corte.

Poco a poco fue ganándose la curiosidad y, más tarde, el interés de los poderosos, porque no descartaba Cristóbal Colón que alguien con fortuna suficiente quisiera lanzarse a aquella empresa de forma particular. E incluso llegó un momento que el propio duque de Medinaceli se interesó por la aventura. Pero el gran señor de Sevilla recapacita y se vuelve atrás, quizá por temor a ofender a los reyes o tal vez por considerar que va a arriesgar demasiado en una empresa que más tarde, o más temprano, pasará a depender de la corona.

Y cuando parece que, por fin, el navegante va a conseguir una entrevista con los reyes, la guerra de la reconquista tuerce sus proyectos.

En Córdoba se han dado cita todos los nobles de Castilla y de Andalucía en torno a los reyes, dispuestos a expulsar de España a los últimos musulmanes encastillados en los riscos de Granada.

En aquel momento no se podía importunar a los Reyes Católicos con aquella extraña aventura de Cipango y las islas de Catay que, comparada con la Reconquista, parece tan solo como una cosa sin importancia.

Colón decide esperar. Pero la campaña se alarga. El otoño ha traído ya las primeras nieves, y el intenso frío impuso una tregua rigurosa a los dos contendientes.

Y fue precisamente en los primeros días del año 1486 cuando Cristóbal Colón fue presentado por primera vez a los reyes.

El futuro almirante estaba nervioso y preparaba cuidadosamente un nuevo informe. Sin embargo, a pesar de que no ocultó ninguno de los detalles importantes, Colón guardó para sí el famoso mapa Toscanelli temiendo que este le fuese arrebatado por algún competidor envidioso o bien se diese a la luz, con lo cual quedaría al descubierto frente a la corte de Portugal.

El navegante no pudo impedir, mientras esperaba en la antesala del salón del trono, recordar los años que habían pasado desde que abandonó por primera vez la modesta taberna de su padre. ¡Desde entonces acá, cuántas cosas habían cambiado!

Sabía Colón que la reina Isabel era una mujer piadosa y confiaba ciegamente en que su propuesta le interesaría, no solamente por motivos mercantiles, sino también morales. Contaba Colón con los deseos de evangelización que la soberana expuso en diversas ocasiones, y presintió que tendría en la ilustre dama una aliada poderosa.

Cristóbal Colón no se engañaba. Sin embargo, la primera entrevista con los Reyes Católicos fue fría y cortés. ¡Tantos eran los que se presentaban ante los reyes abogando por los proyectos más descabellados!

No obstante, el calor con que aquel hombre y simple extranjero ha osado en presentarse ante los Reyes Católicos llama poderosamente la atención de la soberana, y, tomando de manos de Colón, le dice:

—Haré que este documento sea pasado a don Alonso de Quintanilla, nuestro contador mayor, para que sea él el que estudie la cuantía que podría costar vuestro proyecto.

Se retiró Colón de esta entrevista algo decepcionado, pero, sin embargo, en el fondo de su corazón, latía la esperanza. No había recibido una negativa profunda y confiaba que Quintanilla, uno de sus protectores en aquellos años difíciles, estudiaría con atención el proyecto.

Sin embargo, Alonso de Quintanilla nada pudo hacer por él, las arcas del tesoro de la corona estaban completamente extenuadas debido a la terrible sangría económica que representaba la guerra de la reconquista.

Una vez más, defiende Colón sus causas con tanto ardor, que los reyes se dan cuenta de que aquel extranjero no es un visionario, sino que sus razonamientos parecen sólidos.

Pero como los reyes no tienen en aquel momento tiempo para distraer su atención de la guerra de Granada, verdadera cruzada que les proporcionará la gloria de acabar con ochocientos años de reconquista, deciden posponer el proyecto y adscribir a Colón como a uno más de sus servidores, incorporándolo al séquito real.

Le asignan, también, una cantidad módica para pago de alojamiento y comida.

Y así pasaron siete años. ¡Siete larguísimos años que, sin embargo, no pudieron terminar con la paciencia de Colón!

Era un hombre de elevada estatura, seguro de sí mismo y agradable en el trato. En la corte impresionó a cuantos le trataron y muchos fueron los enemigos y protectores que, durante aquellos larguísimos años de

espera, se acercaron a Colón.

Finalmente, y ante las nuevas insistencias de Colón, los reyes decidieron someter el proyecto a una asamblea de matemáticos.

Esto disgustó mucho a Colón quien, como en Portugal, tendría nuevamente que intentar convencer a sesudos señores que intentarían desmontarle con su fría lógica. Sin embargo, como sabía que de nada servirían sus protestas, no tuvo más remedio que someterse a la voluntad real.

Se reunió, pues, la comisión en la primavera de 1486 en la Universidad de Salamanca, siendo el presidente de la junta fray Hernando de Talavera, confesor de la reina y ministro universal de los Reyes Católicos.

La leyenda se ha empeñado en mostrar a los miembros de esta junta como gente ignorante y presuntuosa porque dictaminó en contra de los proyectos de Colón. Pero el hecho cierto fue que, como ya había hecho anteriormente, Cristóbal Colón se reservó la prueba definitiva, o sea el mapa de Toscanelli, y esto hacía aparecer el proyecto ante los ojos de los expertos como mera fantasía de un loco visionario.

¿Por qué motivo Colón no presentó a la junta un documento tan definitivo? ¿Quizá pudo más en él la desconfianza de que otros aprovecharan los datos que tan trabajosamente había reunido, que el deseo de realizar sus proyectos?

Al reservar para sí el mapa y los datos de Toscanelli, Colón apareció como un incompetente, esgrimiendo tan solo argumentos tomados de Marco Polo y, también, de textos del Viejo Testamento.

Ahondando un poco más en la personalidad de Colón, tal vez no sea aventurado apuntar que quizá fue el desmesurado orgullo del navegante lo que motivó que no quisiera presentar a la junta el mapa de Toscanelli, reservándose para sí el supremo honor de haber llevado a cabo aquel proyecto. Fuese como fuese, la junta dictaminó en contra, pese a la protección de fray Diego de Dezo, otro de los miembros de la junta de matemáticos que siempre favoreció en lo que pudo a Cristóbal Colón.

A partir de entonces, el futuro almirante siguió a los reyes allí donde los azares de la guerra trasladaban la corte.

Posiblemente estuvo en la toma de Málaga, pero, a pesar de ser testigo de diversas batallas, no debió participar activamente en las contiendas, ya que ningún cronista de la época menciona este detalle ni se tiene noticia de que nunca fuese herido.

Pero, a pesar de los privilegios que la corte le concedía, no se puede asegurar que la posición económica del navegante fuese muy floreciente. Más bien al contrario, ya que en aquel tiempo Cristóbal Colón se ganó el sobrenombre de «El hombre de la capa raída».

* * *

Nuestro héroe pasó en Córdoba varios años y allí hizo buena amistad con doña Beatriz de Bobadilla, marquesa de Moya, íntima amiga de la reina y la más notable figura del reino, hasta tal punto que la gente decía de ella: «Después de la reina de Castilla, la Bobadilla».

Esta ilustre dama, esposa de don Andrés Cabrera, secretario del rey Fernando, había salvado en una ocasión la vida a la reina Isabel, y la soberana nunca olvidó este gesto.

Doña Beatriz de Bobadilla y fray Juan Pérez, prior del convento de La Rábida, fueron el apoyo constante de Colón en aquellos años de amargura.

Mas, también otra figura femenina pasó por la vida de Colón como una sombra: Beatriz Enríquez de Arana. Sin duda se casó Colón con esta dama cordobesa quien le dio un segundo hijo, Fernando, el cual, escribiría años más tarde una de las primeras biografías del Almirante.

Doña Beatriz Enríquez Arana se mantuvo siempre a la sombra y su nombre solo se menciona vagamente en algunos documentos de la época, salvo en el testamento de Colón, donde el navegante declara su estima y hasta su amor por esa enigmática dama cordobesa.

Pero pocas cosas se salen de la vida particular de Colón. Es muy posible que el navegante, empeñado por entero en su afán de conquista de nuevos territorios, tuviera poco tiempo para dedicarlo a su vida íntima.

En 1488, Colón se encuentra en Murcia, siempre siguiendo a la corte, y allí, desesperado ya por tanta espera, decide ponerse nuevamente en contacto con el rey de Portugal.

La respuesta que le dio Juan II era enteramente satisfactoria; el monarca, después de tratarle de «mi particular amigo», como siempre tuvo por costumbre, le pide que regrese a la corte lisboeta y que de nuevo se ponga a su servicio.

Pero todas estas razones no convencen a Colón. Él quiere realizar su proyecto, y pasar de mendigo de la Corte de Castilla a la corte de Portugal no satisface sus ambiciones. Suspende, pues, el viaje que tenía proyectado y sigue su paciente peregrinación de ciudad en ciudad, siguiendo siempre a los reyes y esperando la primera ocasión que se le presente para insistir sobre la suerte de su proyecto.

Colón pierde toda esperanza cuando, después de siete años de inútil espera, la junta de matemáticos vuelve a reunirse en 1491, justo en vísperas de la toma de Granada, y dictamina que la empresa que propone Colón es imposible.

Desesperado, el navegante abandona la corte y se refugia en La Rábida, donde es acogido con la misma cordialidad de fray Juan Pérez y por su amigo Antonio Marchena.

En La Rábida, Colón conoce un nuevo personaje que después será decisivo para llevar a cabo tan gloriosa empresa: Martín Alonso Pinzón.

Eran los hermanos Pinzón ricos armadores, con naves propias y a quienes todos respetaban por su larga experiencia en las cosas del mar. Unido a estos nuevos amigos, a los que trata de ganar para su causa, Colón vuelve a explicar, una y otra vez, cómo puede llevarse a cabo su ansiado proyecto.

Y fue en esta ocasión cuando, por primera vez, se atreve a confesar a fray Juan Pérez el precioso documento que posee.

El fraile, viendo en aquel documento una prueba decisiva que puede convencer por fin a sus majestades y a la junta de matemáticos, despachó urgentemente un mensajero a la corte solicitando de los reyes una nueva revisión del proyecto.

Días más tarde, un correo particular de la reina Católica llegó a La Rábida con veinte mil maravedíes para que Colón se vistiese convenientemente y se presentase en la corte.

Inútil describir aquí la alegría de Colón, quien creyó llegado el momento de poner a punto de marcha su proyecto.

Mas, un hecho de suma importancia en la historia de España retrasará de nuevo su ansiado viaje: la toma de Granada.

De un momento a otro va a finalizar, por fin, la larga Reconquista. Los musulmanes serán expulsados de Granada, y un azar histórico reunirá dos hazañas de decisiva importancia para la historia posterior de un país: el fin de la Reconquista y el descubrimiento del Nuevo Mundo.

* * *

Colón llegó al campamento de Santa Fe, frente a Granada, en los momentos en que estaba en marcha el asalto final. Los reyes, pues, no tienen tiempo para escucharle.

El día 2 de enero de 1492, Boabdil, último rey moro, rinde Granada con lágrima en los ojos. El cardenal Mendoza, seguido de los más notables caballeros de Castilla, ocupa la Alhambra.

Con ojos admirados, Colón presenció cómo, al llegar junto a los reyes para hacerles entrega de las llaves de la ciudad, Boabdil quiso bajarse del caballo para besar la mano del rey Fernando. Pero el rey, fiel a la caballerosidad que en aquel entonces en la guerra se imponía, se lo impidió. Poco después, en la Alhambra, Isabel recibió vasallaje como reina de Granada.

Y uno de los asistentes a esta ceremonia fue Cristóbal Colón.

Días más tarde, ante la nueva junta de matemáticos que se nombró para estudiar el proyecto del navegante, Cristóbal Colón tuvo que defenderse de la incapacidad de la que se le acusaba.

Esgrimían los matemáticos que la circunferencia total de la Tierra no era de 30.000 kilómetros como aseguraba Colón, y sí de 40.000 kilómetros, como es en realidad. Otro de los errores de Colón consistía en creer que la tierra cubría seis partes de la superficie del globo por una de agua, mientras muchos científicos de la época ya sabían que los mares ocupaban la mayor parte. Pero lo que irritó más a la junta, y a los propios reyes, fue el orgullo indomable del navegante y las desmesuradas ambiciones del futuro almirante.

Tal vez, Colón, dándose cuenta de que aquella vez su proyecto iba a ser aceptado, quiso cobrarse todas las humillaciones pasadas exigiendo poderes y prebendas con las que anteriormente ni siquiera había soñado.

Lo cierto fue que las condiciones que Colón impuso para realizar la empresa eran exorbitantes.

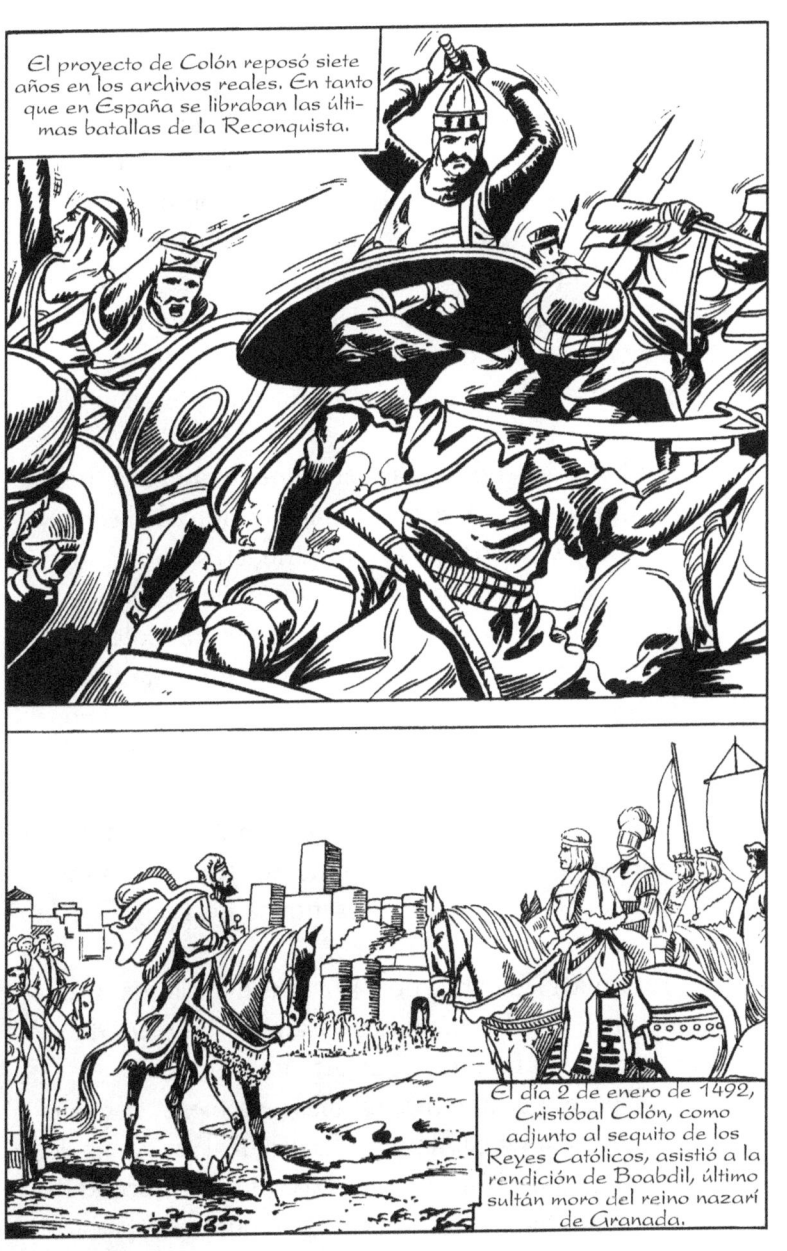

Exigió el nombramiento de «almirante mayor del mar océano» con prerrogativas similares a los príncipes de sangre real. Su segunda condición fue pedir para sí el nombramiento de virrey y gobernador general de todas las tierras que descubriese, con poderes supremos para nombrar cargos y retirar prebendas. Como tercera condición pidió el diezmo de todas las sumas que se manejasen en las transacciones comerciales con las nuevas tierras y de todas las mercancías de oro, perlas y piedras preciosas que se encontrasen en aquellos territorios.

Conceder todas estas peticiones equivale a nombrar a Cristóbal Colón como amo absoluto de las nuevas tierras a descubrir; y los reyes dudan.

Dan negativa rotunda, especialmente don Fernando el Católico. Afortunadamente para Colón, sus amigos incondicionales, y especialmente doña Beatriz de Bobadilla, intercedieron en su favor cerca de la reina, y consiguieron que los reyes volviesen a reconsiderar su decisión.

Se encontraba ya Colón camino de La Rábida cuando un alguacil de la reina le alcanzó, solicitando de él que tuviera a bien presentarse de nuevo en la corte.

El día 17 de abril de 1492 se firman las capitulaciones de Santa Fe, mediante las cuales los reyes deberán conceder a Colón lo que este ha solicitado.

Queda, no obstante, un grave problema por solucionar: la cuestión económica. La caja real está vacía debido a las grandes dispensas que ha costado la Reconquista y es imposible cargar al pueblo con nuevos impuestos.

Algunos cronistas, entre ellos el hijo de Cristóbal Colón y el padre las Casas, aseguran que la reina ofreció sus joyas para pagar los gastos de la empresa. No obstante, los historiadores modernos niegan esta anécdota debido a que la reina ya había empeñado con anterioridad su tesoro personal para llevar adelante la cruzada contra los moros.

Ahora bien, de lo que sí ha quedado constancia histórica es que Santángel, tesorero real, adelantó los primeros fondos para comenzar a poner a punto de marcha el proyecto.

Colón se siente compensado de tantos años de humillación y espera. Decide volver a La Rábida, y que Palos sea el puerto desde donde se produzca la partida en busca de la nueva ruta oceánica.

Llega, pues, a Palos acompañado de un séquito multitudinario y con una carta de los reyes para don Diego Rodríguez Prieto, alcalde de la ciudad, por la que se le ordena que ponga a disposición de Cristóbal Colón las carabelas que este considere necesarias.

Pero el alcalde y el pueblo de Palos no ven con buenos ojos el proyecto de Colón. Desconfían de aquel hombre que han visto deambular de un lado para otro. Ni la carta de los reyes consiguen doblegar aquellas voluntades. Y Colón, que los largos años de espera han convertido en un ser irritable, montó en cólera dando muestras de un orgullo y una soberbia inimaginables.

Por fin, una nueva orden real consigue requisar la carabela *La Pinta* y otra de mayor dimensión, llamada *La Gallega*, y que es rebautizada con el nombre de *La Santa María*. La tercera carabela, *La Niña*, es aportada a la empresa costeada a partes iguales por los hermanos Pinzón y el nuevo almirante.

Conseguidas por fin las tres embarcaciones, se procedió a su abastecimiento y a dotarlas de una tripulación. Y aquí tropezó Colón con otra de las grandes dificultades de la empresa: nadie quería embarcarse en aquellas naves que se alejarían de la costa con un rumbo hasta entonces desconocido.

La dificultad para encontrar tripulantes para las naves es tal, que el secretario Coloma se ve obligado a firmar una orden suspendiendo los procesos criminales contra todos aquellos que se alisten como voluntarios en el viaje de Colón. Así, pues, los primeros tripulantes de las tres carabelas, que se adentrarán en el mar en busca de aquella famosa ruta oceánica que conducirá hasta las Indias, serán maleantes y presidiarios.

La intervención de los hermanos Pinzón y su gran influencia entre la gente del mar, consiguió, por fin, completar la tripulación de las tres naves: noventa hombres en total.

Pero además de la marinaría, llevó Colón consigo a treinta personas, funcionarios reales y gente de la corte que acudió a la empresa por curiosidad y también con el deseo de ganar prestigio y posición en las nuevas tierras.

Y, cosa extraña, en este primer viaje de Colón no le acompañó ningún sacerdote.

Entre los enlistados se encuentran Diego de Arana, hermano de Beatriz, madre de Fernando Colón, y un judío converso llamado Luis Torres, gran conocedor del hebreo y del árabe, y que se pensaba utilizar como intérprete.

También iba un sastre llamado Juan de Medina y un cirujano conocido por maese Juan.

Cristóbal Colón se reservó para sí el mando de la embarcación mayor, *La Santa María*, que lleva como piloto a Juan de la Cosa, su propietario y habilísimo navegante que, más tarde, realizaría el primer mapa de América.

La Pinta va al mando de Martín Alonso Pinzón, y Vicente Yánez Pinzón capitaneará *La Niña*.

Siempre se ha hablado de las carabelas de Colón, y, a decir verdad, *La Santa María* era una nave de mayores dimensiones que desplazaba 120 toneladas y de las que en aquella época eran conocidas con el nombre de nao. Por el contrario, *La Pinta* y *La Niña*, efectivamente eran carabelas que desplazaban respectivamente 125 y 84 toneladas.

Visto desde nuestra óptica, desde luego, las tres naves eran como tres cascarones de nuez; podía considerarse una temeridad intentar con ellas la travesía del océano. Pero en aquella época eran las mejores de que se podía disponer.

En aquel entonces solo se usaba dos tipos de naves en las empresas de descubrimiento: las «naos» o «carracas», barcos grandes y lentos, y las «carabelas» rápidas y útiles en largas travesías por mares agitados.

El día 2 de agosto, listos ya todos los preparativos para el viaje, el Almirante se dispuso a dar la orden para zarpar.

Y el día 3, poco antes del amanecer, las tres naves zarparon desde el puerto de Palos, en la ría de Tinto (Huelva).

Y mientras en el muelle se apiñaban un grupo de personas, parientes de los marineros o algún curioso madrugador, el delegado de los reyes y toda la comunidad franciscana con fray Juan Pérez, la brisa hinchó las velas de las naves poniéndolas rumbo a lo desconocido. ¡La gran hazaña había comenzado!

Colón, con los ojos llenos de lágrimas, vio alejarse la tierra y sintió una profunda emoción. ¡Por fin había conseguido su propósito al que tantos años de paciencia y penalidades destinó! Ahora solamente le quedaba desear que su aventura fuese coronada por el éxito.

CAPÍTULO V

Tras largos días de navegación, mar y solo mar rodeaba a los hombres que se embarcaron en tan arriesgada aventura. Hace tiempo que las tierras de las Canarias se quedaron atrás, y el nueve de septiembre de 1492 se perdieron de vista las cumbres de hierro, últimas tierras de la cristiandad.

Colón decidió navegar siempre en línea recta hacia occidente. Confió en la brújula, pero esta se volvió hacia el noreste. Sin proponérselo, había descubierto la variación magnética, pero para él y sus hombres el hecho representa entonces una cosa desconcertante.

Para tranquilizar a la tripulación, a Cristóbal Colón no se le ocurrió otra cosa que decir a los marineros que la aguja de la brújula señalaba bien y que era la estrella Polar la que se movía.

Los marineros nada entendieron de las explicaciones de Colón, pero la tranquilidad del Almirante devolvió la confianza.

Posteriormente, el descubrimiento de la declinación y del meridiano magnético tendrán una importancia decisiva en la navegación y se deberá exclusivamente a Cristóbal Colón.

El día 16 de septiembre el Almirante anotó en su diario: «Aquí comenzaron a ver muchas manadas de hierba muy verde».

La flota había entrado en el mar de los Sargazos, del cual, el Almirante ya tenía unas noticias vagas por referencias de otros marineros.

Especialmente los marineros portugueses habían señalado varias veces la presencia de enormes masas verdes que muchos interpretaron como tierras que aparecían y desaparecían del fondo del mar.

Las naves avanzaban y en el ánimo de los hombres comenzó a convertirse en una obsesión el descubrimiento de tierra.

A partir de entonces, en el diario del Almirante, se anotaron cosas curiosas que no se sabe si son ciertas o solamente producto de la imaginación de los tripulantes, ansiosos de encontrar algún indicio que les señale una tierra próxima.

Por ejemplo, la presencia en el agua de un cangrejo vivo fue señal evidente de que tierra estaba cerca; una nube de pájaros con rumbo hacia oeste; una ballena de la que se dice que nada siempre no muy alejada de las costas…

El día 20 de septiembre solo la autoridad de los Pinzón pudo aplacar la inquietud de los marineros que empezaban a lamentar haber dejado sus grilletes por un futuro incierto.

Y aquí se puso también de manifiesto la habilidad de Cristóbal Colón para dominar a los hombres en el mar.

El Almirante arengó a su marinería pidiendo de ella sentido de responsabilidad. Llamó a aquellos hombres, que escaparon de la cárcel por haberse enrolado voluntarios en sus naves, «hidalgos» y «caballeros». Y los marineros, confiando en aquel hombre tan dueño de sí, volvieron a sus puestos.

Pero la tierra deseada no apareció en el horizonte.

También Colón estuvo inquieto. Según sus cálculos (y recordamos que él creía que la circunferencia mayor de la Tierra era de 30.000 kilómetros) la isla de Catay y Cipango tenían que haber aparecido ya.

Martín Alonso Pinzón le propuso desviar el rumbo un poco hacia el sudoeste. Pero el Almirante se negó a esta petición.

Una de las características más particulares de Colón fue siempre su orgullo. Había acariciado durante tantos años aquel proyecto que no quería que nada ni nadie le arrebatase el honor de haber sido él, y solamente él, el artífice de aquella aventura.

Si en aquel entonces hubiese hecho caso del consejo de Alonso Pinzón, tal vez hubiera llegado a las costas de Venezuela, a la que no conseguiría arribar hasta cuatro años después.

Siguió, pues, avanzando Colón directamente hacia poniente, y el día siete el Almirante se alegró de su decisión al descubrir una multitud de aves que le fijaban el rumbo.

El día 11 de octubre, *La Pinta* recoge una caña que solamente puede crecer en tierra.

Aquella noche nadie durmió sobre la cubierta de

las embarcaciones, especialmente el Almirante, que dirige constantemente sus ojos hacia donde supone debe encontrarse la costa.

Paseándose por la cubierta de *La Santa María*, Cristóbal Colón dijo a sus hombres:

—Mantened los ojos bien abiertos y recordad que los reyes han prometido un jubón de terciopelo y una petición de diez mil maravedíes a quien descubra primero la tierra.

Nadie quería dormir.

A medianoche a Cristóbal Colón le pareció descubrir como un fogonazo, como un fuego que estuviera ardiendo a alguna distancia. Pero de pronto la visión desapareció.

Faltaron pocas horas para el alba cuando, de pronto, a bordo de *La Pinta*, que navegaba en cabeza, se produjo una terrible excitación. Alguien gritó:

—¡Tierra! ¡Tierra!

La voz pertenecía al marinero Juan Rodríguez Bermejo —quien en el diario del Almirante aparece con el nombre de Rodrigo de Triana—, el cual aseguraba haber distinguido una playa.

Y cuando el alba por fin llegó, todo el mundo pudo descubrir, embargados por la emoción, una playa de arena suavísima donde las olas morían mansamente.

El mar ofreció un delicado tono verde, y sobre la línea de tierra se dibujó una espesa vegetación y una hilera de palmeras que la brisa agitó.

La playa estaba desierta, pero cuando Cristóbal Colón bajó a tierra con los capitanes de los otros bar-

cos y los principales jefes de la flota, pudo descubrir, escondido tras la vegetación, los rostros asustados y asombrados de algunos indígenas.

La escena del desembarco de Colón en tierras americanas ha sido mil veces reproducida e idealizada por muchos pintores. En Madrid, por ejemplo, se conserva el lienzo de Teófilo de la Puebla en el que podemos admirar a Colón, rodilla en tierra y con los ojos alzados al cielo; entre otros detalles de la pintura, vemos a un monje sosteniendo una cruz. Este monje es totalmente imaginario, puesto que en el primer viaje de Colón no le acompañó ningún hombre de iglesia.

Si hemos de atenernos al diario de Colón, diremos que el Almirante había vestido sus mejores ropas y bajó a tierra llevando un estandarte real. Los hermanos Pinzón llevaban cada uno una bandera con las letras *F* e *I* iniciales de Fernando e Isabel.

Acompañaba a los capitanes el escribano Rodrigo Sánchez de Segovia que dejó constancia de la toma de posesión de aquella isla (Colón intuyó que aquella tierra era solo una isla y no la tierra de Cipango o Catay) para los reyes de España.

Mas nadie duda de que las predicciones de Colón se cumplirán y de que aquel islote es la antesala de las famosas tierras buscadas por el Almirante.

En realidad, la primera isla que pisaron Colón y sus hombres fue una de las Bahamas, que los indígenas llamaban Guanahani y que el Almirante rebautizó con el nombre de San Salvador.

Viendo los españoles que aquellos indígenas que les contemplaban como si de dioses se tratase, no pa-

recían tener sentimientos agresivos hacia ellos, intentaron acercárseles y fue entonces cuando descubrieron que muchos de ellos —que iban completamente desnudos— llevaban colgados al cuello, a guisa de talismanes, trozos de un metal dorado que no dudaron en calificar de oro.

El lenguaje que hablaban los españoles era incomprensible para los habitantes de aquellas tierras, y por más que Colón y sus hombres se esforzaron en querer averiguar de dónde precedían aquellas pepitas de oro, no consiguieron ningún resultado positivo.

Un hecho curioso a destacar aquí es que Colón, que sin duda debía estar muy contento por haber podido llegar a tierra sin lamentar desgracias personales ni perder ninguna nave, se mostró terriblemente irritado cuando el marinero Rodrigo de Triana recordó al Almirante que había sido él quien descubrió tierra por primera vez.

Colón en vez de mostrarse generoso y complacido, discutió con aquel marinero que el derecho le correspondía a él que había visto brillar en la noche un fuego en donde se suponía la playa.

Fueron inútiles los ruegos y los argumentos que Rodrigo de Triana esgrimió. El Almirante se mostró inflexible y reclamó para sí la promesa que los reyes hicieron de entregar un jubón de terciopelo y una pensión de diez mil maravedíes al primero que divisase la tierra.

Muchos historiadores han reprochado a Cristóbal Colón tal gesto de mezquindad, privando a un simple marinero de este beneficio. Otros, sin embargo, se

inclinaban a creer que no fue el beneficio económico lo que en este caso reclamó Colón para sí, sino el orgullo y el honor de haber sido el primero que divisase aquella tierra para él tan deseada.

Pero, en cualquiera de los dos casos, no hay duda de que el descubridor obró de forma mezquina y poco generosa.

* * *

Durante dos días, Colón y sus hombres permanecieron en la isla explorándola de parte a parte.

Los nativos se mostraban hospitalarios y aceptaban de buen grado el trueque de bonetes rojos y cascabeles que les daban los españoles por sus collares de oro, papagayos de múltiples colores y ovillos de algodón.

En el diario del Almirante queda constancia de lo admirado que quedó de la perfección física de aquella raza:

> … son de buena estatura y gente muy hermosa. Los cabellos no son crespos, sino corredizos y gruesos como cerda de caballo. Ojos muy hermosos y no pequeños. Yo estaba atento y no trataba de saber si había oro y vi que algunos de ellos traían un pedazo colgado en un anillo que tienen en la nariz; por señas pude entender que, yendo hacia el sur o volviendo la isla por el sur, estaba allí un rey que tenía grandes vasos de ello y tenía mucho. Trabajé porque fuesen allá, y después vi que no entendían la idea. Aquí nace en

esta isla, el oro que traen colgado a la nariz; mas por no perder tiempo quiero ir a ver si puedo topar a la isla de Cipango.

Cada vez estaba más convencido Colón de que se encontraba a las puertas de Asia. Aquel rosario de islas paradisíacas correspondía exactamente a la descripción que Marco Polo había hecho de aquella costa.

Así, pues, una vez explorada la isla y viendo que esta no tenía condiciones como base para nuevas expediciones, levaron anclas rumbo al sudeste donde los nativos, a los cuales ya llamaban indios, les habían indicado que se encontraban otras tierras.

Días después, los españoles descubrieron otras islas a las que Colón bautizó con el nombre de Fernandina e Isabela, pero el Almirante se hallaba descontento con estos encuentros. El buscaba lo que llamaba «tierra firme», es decir, un continente y no un rosario de islas.

Siguiendo las indicaciones de los nativos fue en busca de una isla mayor (Cuba) y en la que el Almirante quería ver Cipango.

Su ansia se convierte en obsesión y cada nueva isla que descubre le parece que es la ansiada «tierra firme». Colón estaba desorientado entre aquel laberinto de islotes, en donde tampoco descubre el oro y las perlas que ha prometido a los reyes de España.

El día 28 de octubre, la flota llegó a Cuba y la belleza de aquella isla sobrecogió a todos los tripulantes. Pero tampoco allí encuentra a la gente del Gran Kan, ni el oro y las riquezas que ansía. Encuentra, eso sí, una hierba desconocida que los nativos prenden después de haber liado las hojas y cuyo humo aspiran: el tabaco.

Sin duda, entonces no sabía Colón la influencia que esta hierba iba a tener en los hábitos del hombre moderno.

En aquel entonces los españoles se preguntaban qué provecho podían sacar los indios en aspirar aquel humo. La respuesta la podría dar cualquier habitante de la tierra de la segunda mitad del siglo XX.

Mas, como tampoco aquella isla paradisíaca es la meta de Colón, las naves se hacen de nuevo a la mar y por fin llegan a Haití, que Colón bautiza con el nombre de La Española.

La primera nave en llegar a la isla fue *La Pinta*, al mando de Martín Alonso, a quien muchos han atribuido la villanía de querer llegar a «tierra firme» antes que el conquistador. No obstante, esta suposición no puede apoyarse en ningún hecho concreto, y sí es muy posible que fuese solamente fruto de la suspicacia del almirante, cuya propensión natural hacia la desconfianza se acentuaba cada vez más.

En Haití, Martín Alonso encontró más oro que en cualquier otro lugar que habían visitado y, es allí, donde él y Colón deciden establecer el primer fuerte del Nuevo Mundo.

Fue precisamente el día de Navidad cuando *La Santa María* sufrió un desgraciado accidente. Por un descuido de la guardia, la nave capitana derivó hacia la costa y se encalló en la arena.

La confusión fue terrible y muchos marineros abandonaron la nave creyendo que esta se hundía.

El Almirante hizo trasladar a tierra todo el cargamento de la nave para intentar ponerla de nuevo a flote, pero todos los esfuerzos resultaron inútiles. Dando a *La Santa María* definitivamente por perdida, decide aprovechar el material y la madera de esta nave para la construcción del fuerte proyectado. Este llevará el nombre de Navidad, dado el día en el que ocurrió el accidente.

* * *

El día 4 de enero, temiendo Cristóbal Colón que los reyes estén impacientes por saber noticias del descubrimiento, decide volver a España dejando a un puñado de hombres que aseguren la posesión de aquellas tierras en nombre de los reyes de España.

Mas, pronto lamentará Colón haber tomado esta decisión. El día 13 de enero, cuando algunos marineros de su tripulación descendieron a tierra en otra de aquellas islas para aprovisionarse de agua, tuvieron que sostener una escaramuza con un grupo de indios belicosos con armas que hasta entonces los españoles no vieron en manos de los nativos.

Supuso Colón que aquellos guerreros pertenecían a una de las tribus de caníbales que ya le habían sido señaladas por otros indios pacíficos, y comienza a temer por la seguridad del puñado de hombres que ha dejado en el fuerte Navidad. Sin embargo, no vuelve atrás para recogerlos. Tal vez lo hubiera hecho si Pinzón no hubiese tenido la falta de oportunidad de manifestarle su descontento por la decisión del Almirante.

El desmesurado orgullo de Colón pudo mucho más que su prudencia.

El viaje de vuelta fue relativamente feliz y la marinería estaba contenta. Todos llevaban recuerdos suficientes y regalos exóticos para llamar la atención en cualquier taberna del puerto.

Colón, sin embargo, estaba preocupado por no poder llevar a los reyes el tesoro en oro y perlas que les ha prometido.

Sin embargo, la idea de un imperio empieza a tomar cuerpo en la mente del navegante, y, conociendo los deseos evangelizadores de la reina Isabel, cree poder tener en ella una aliada poderosa para que el descubrimiento de las nuevas tierras satisfaga el deseo de los reyes.

Nuevamente, *La Pinta* se distancia de la nave capitana y Colón se deja invadir por la desconfianza.

Pero el distanciamiento de las dos naves tiene su razón lógica en el fuerte viento que se levantó y en la formidable tormenta que estalló de súbito.

No pudiendo dominar al mar, Colón decidió dejarse llevar por la tormenta como único medio para salvar a *La Niña*.

Sobre la cubierta de la nave se extendió el pánico. Las rogativas se generalizaron, y ante su tripulación el Almirante hizo promesa de ir al monasterio de Guadalupe si la nave se salvaba.

Por fin, después de recalar en una de las Azores, una nueva tormenta los llevó hasta las costas de Lisboa. En el puerto se apiñaba una intensa multitud que no se había congregado allí para recibir a Cristóbal Colón, sino para ver a los tripulantes que habían podido salvarse de tan formidable tormenta.

Pero nuevamente el desmesurado orgullo de Cristóbal Colón —que quizá se vengaba así de tantos años de inútil espera— estuvo a punto de estropear su feliz regreso a su patria. El capitán de una nave del rey de Portugal exigió que el capitán de *La Niña* fuese a darle cuentas de por qué arribaba a las costas de Portugal.

Se negó Colón a esta orden, alegando que él era almirante de Castilla y que solo debía obediencia a su rey.

Pronto se extendió por toda la ciudad el rumor de que aquel arrogante marino era Cristóbal Colón, quien había descubierto para la reina de Castilla nuevas y lejanas tierras.

Esto disgustó al rey de Portugal, puesto que este reino disfrutaba de una bula papal que aseguraba para sí las navegaciones descubiertas.

La ocupación de las islas Canarias por Castilla había motivado reclamaciones diplomáticas entre los dos reinos, y el descubrimiento de Colón y la posesión de nuevas tierras para Castilla venía a añadir más leña al fuego.

Ciertamente, Cristóbal Colón y sus hombres no tuvieron la suerte de llegar a las tierras más oportunas.

Sin embargo, la antigua amistad de Juan II de Portugal con Cristóbal Colón permitiría saldar aquel asunto con dignidad y proseguir su viaje rumbo al puerto de Palos.

Dicen los cronistas que el rey de Portugal se quedó muy triste después de la conversación que mantuvo con Colón, y de comprobar que los nativos que el Almirante traía de lejanas tierras no eran como los de Guinea, sino conforme al color y aspecto que parecían tener los habitantes de la India.

Quizá entonces lamentó Juan II haber confiado tanto en su junta de matemáticos y no haber permitido que Cristóbal Colón llevase a cabo aquella empresa para beneficio y mayor gloria de Portugal.

En cambio, Colón, salió reconfortado de aquella entrevista y se dio por vengado de lo que él consideraba estúpida incredulidad de los estirados sabios de la corte, hacia los que profesaba un profundo desprecio.

Al abandonar Lisboa, *La Niña* bordeó la costa portuguesa y el día 15 de marzo de 1493 llegó Colón al puerto de Palos.

La Pinta había sido arrastrada hacia Bayona y su capitán, Martín Alonso, iba tan enfermo que moriría pocos días después de tocar tierra.

CAPÍTULO VI

Cuando Cristóbal Colón tocó de nuevo tierra española, los Reyes Católicos ya tenían noticias de su descubrimiento. Antes de morir, Martín Alonso les había escrito desde Bayona dándoles cuenta del descubrimiento y atribuyéndoselo a Colón como en justicia se merecía. Queda, por este hecho, desmentida la desconfianza que el Almirante sentía por uno de los hermanos Pinzón, quien bien podía suponer que la carabela de Colón se había perdido en la tormenta y ser él el único beneficiario de tan gloriosa empresa.

Desde Barcelona, donde se encontraban Isabel y Fernando al regreso de Colón de tierras de América, escribieron los soberanos al Almirante rogándole que se reuniera con ellos.

Mientras Colón se dirigía a Barcelona, los Reyes Católicos habían solicitado del papa Alejandro VI, que reconociera los derechos de Castilla a la posesión de las nuevas tierras.

Fue entonces cuando el papa trazó aquella famosa línea sobre el mapa, de polo a polo, cien leguas al oeste de las Azores o Cabo Verde que serviría de límite para las navegaciones y descubrimientos de los dos países: España y Portugal (el Tratado de Tordesillas).

Llegó Colón a Barcelona a finales de abril, estando el rey todavía convaleciente de las heridas que le habían causado a la puerta del palacio real.

Los soberanos instalaron su trono al aire libre, para que todo el pueblo pudiera ser testigo de su recibimiento al Almirante. Junto a los reyes se encontraba el heredero de la corona de Aragón y Castilla, el príncipe Juan, quien, posteriormente moriría antes de poder ocupar el trono.

Hacia mediodía llegó la comitiva que, cuidadosamente, Cristóbal Colón había preparado. Delante de todos iba él y el virrey de las Indias. Le seguía un grupo de los tripulantes de su barco y cerraban la marcha unos nativos que había traído como regalo a los reyes, quienes portaban sobre sus hombros multicolores papagayos y, en sus manos, cuecos de cerámica llenos con el oro encentado y algunas perlas.

Los reyes recibieron a Colón, contrariamente a toda tradición cortesana, en pie, y le ofrecieron asiento a su lado.

Rebosaba Colón de orgullo. Veía así recompensados tantos años de fatigas.

Mientras tanto y en el transcurso de las ceremonias que tuvieron lugar, los nativos que habían sido arrancados de sus tierras asistían desconcertados y medrosos a toda aquella pompa ceremonial cuyo sentido no podían comprender.

Durante todo el día, acompañó Colón a los reyes y les hizo un relato detallado de lo que había acontecido. Ofreció a la reina brazaletes de oro y collares de perlas que se llevó de La Española y prometió a los soberanos nuevas riquezas al regreso de los próximos viajes que pensaba realizar.

Los reyes, encantados, confirmaron a Colón todos los títulos que le concedieron provisionalmente en Santa Fe y le dieron un blasón y un escudo que recordaban a los de Castilla y León. Recibió, además, el donativo de un millón de maravedíes, y se ordenó que no se le sirviera manjar alguno sin que antes un jefe de cocina lo hubiera probado.

En los días sucesivos, las fiestas en honor del Almirante se multiplicaron y este no tenía tiempo para aceptar todas las invitaciones que llovían sobre él.

No sería extraño que en una de estas recepciones tuviese lugar aquella anécdota que ha pasado a la historia con el nombre de «huevo de Colón».

Y fue, precisamente un italiano, Giordano Benzoni, el que escribió lo ocurrido durante una comida que el duque del Infantado ofreció al descubridor.

Algunos envidiosos comentaron durante la comida que el descubrimiento de Colón, a fin de cuentas, no tenía tanta importancia. Si la Tierra era redonda, resultaba natural que saliendo de un punto determinado y navegando siempre en línea recta se llegase al punto de partida después de tropezar con diferentes tierras por el camino.

Escuchó Colón estas observaciones, y en lugar de dejarse dominar por la cólera, como de un tiempo a aquella parte tenía por costumbre, sonrió burlón y dijo:

—Efectivamente, los que así opinan tienen toda la razón. Cualquiera hubiera podido hacer lo que yo he hecho, de la misma manera que todo el mundo puede hacer que un huevo se sostenga verticalmente.

Todos se quedaron asombrados de esta afirmación, pues de sobras sabían que aquello era imposible.

—¿Colocar un huevo verticalmente? —preguntó alguien—. Pero ¡eso es imposible!

—¿De veras? —respondió Colón tranquilo—. Yo puedo hacerlo.

Y viendo que todo el mundo le miraba con incredulidad, Cristóbal Colón cogió un huevo y lo golpeó suavemente por su base. Naturalmente, la cáscara se quebró ligeramente y Colón lo colocó sobre la mesa verticalmente.

Después, mirando a su auditorio, añadió:

—Fácil, ¿verdad? Sí, muy fácil, pero hay que pensar.

* * *

El descubrimiento de Colón pronto se extendió por todo el Viejo Continente, y una de las cartas que él escribió a Rafael Sánchez, tesorero de los reyes, fue traducida al latín e impresa en Roma en el año 1493.

Poco después se conoció también en París, Basilea y Amberes. La noticia del hallazgo de la nueva ruta conmovió a todas las naciones europeas.

Hoy sabemos que aquellas tierras no eran la India, pero, entonces, encontrar una vía hacia Oriente que no tuviese que dar la vuelta por África, representaba un adelanto considerable para la expansión y el comercio. Existía, además, la codicia por los tesoros que se suponía existían en aquellas tierras.

Inglaterra fue uno de los primeros países en no querer aceptar el reparto que hizo el papa Alejandro VI, y se apresuró a enviar en secreto a varias naves a explorar el Atlántico Norte.

Portugal también protestaría, y tras largas y difíciles negociaciones consiguió que la línea de demarcación fuese corrida a 370 leguas al oeste, lo que habría de dar a los portugueses el derecho y la colonización de la costa de Brasil.

Por su parte, Colón, quien no era hombre de recepciones y vida cortesana, ansiaba volver a cruzar los mares y dar por fin con aquella ansiada «tierra firme» que andaba buscando.

El deseo del Almirante coincidía con el de los Reyes Católicos, a quienes urgía colonizar lo más rápidamente posible aquellas nuevas tierras que sabían que otros reinos iban a disputar.

En abril de 1493 empiezan los preparativos del segundo viaje de Colón, y estos se extenderán hasta septiembre.

Juan de Fonseca, arcediano de Sevilla, es asignado a las órdenes del Almirante y Juan de la Cosa, quien ya ha participado en la primera expedición como piloto, recibe el encargo real de levantar mapas de las nuevas tierras.

Diecisiete naves deben participar en el segundo viaje, con un total de más de mil quinientas personas. Y, ahora, no son precisamente dificultades las que enfrenta Colón para encontrar tripulación. Después de su éxito pululan en torno al Almirante una multitud de aduladores y arribistas dispuestos a sacar el mayor beneficio posible de esta segunda aventura.

Mas, a pesar de que ahora todo debía ser mucho más fácil, bien pronto choca la personalidad de Colón con la de Fonseca. El Almirante considera que a este y a su ayudante, Juan de Soria, se conceden demasiadas atribuciones, y escribe una carta de queja a los reyes.

La respuesta de los soberanos es ambigua, pues, si bien recomiendan a Fonseca y Juan de Soria acato a la personalidad del Almirante, también recuerdan a este que Soria «debe firmar en todo lo que se gastare pues debe tener cuenta de ello para los contadores mayores».

Colón interpreta este hecho como desconfianza y ve en ello la mano de Fernando, a quien sabe que no le inspira confianza.

En el segundo viaje acompañarán al Almirante doce monjes y Antonio Marchena, antiguo amigo de Colón, pero no en calidad de clérigo, sino como cartógrafo ayudante de Juan de la Cosa.

Por fin, la formidable escuadra partió de Cádiz el día 25 de setiembre de 1493.

Ahora ya no es un desconocido el que parte en busca de tierras también desconocidas, ahora es un grande de Castilla con el encargo de colonizar tierras que ya pertenecen a la corona de España.

CAPÍTULO VII

La Marigalante, la nave que mandaba Colón, era la más lenta de la flota. Esto permitía marcar el rumbo al Almirante e impedir que ninguna nave se quedase rezagada.

Antes de llegar a La Española, Colón descubrió nuevas islas a las que impuso el nombre de Dominicana y Marigalante. Y llevado por su afán de dar con «tierra firme», llegó a otra isla que los indígenas llamaban Borinquen —que los españoles bautizaron con el nombre de San Juan— y que en la actualidad se denomina Puerto Rico.

En esta expedición tuvo ocasión el Almirante de tropezarse con el paso por algunas tribus caníbales y de horrorizarse de la ferocidad de que eran capaces, contrastando con la mansedumbre de otro tipo de nativos.

El día 22 de noviembre, la flota dobló el cabo de San Rafael, en La Española, y Cristóbal Colón puso rumbo al fuerte Navidad.

Inútil describir aquí el ansia que sentía por conocer la suerte del puñado de hombres que dejó como avanzadilla en aquellas tierras. Y los temores que el

Almirante había sentido se confirmaron. Ya desde lejos, pudo distinguir la nube de aves de rapiña que revoloteaban sobre las chamuscadas y derruidas empalizadas del fuego.

Con el corazón acongojado, desembarcó Colón. Unos nativos le comunicaron que los españoles murieron víctimas de querellas intestinas, también de enfermedad.

En realidad, había comenzado la sublevación de los pobladores de aquellas tierras. Colón y el resto de los españoles no eran tan bien recibidos como ellos creían. Los nativos tenían su forma de vida y no estaban dispuestos a cambiar de costumbres.

Por otra parte, los españoles disponían de armas eficacísimas frente a los nativos y tal vez, aquel puñado de hombres que había quedado en La Española como conquistadores, intentaron ejercer una autoridad sobre los indígenas, nada conforme hoy con los derechos del hombre.

Los españoles pronto se dieron cuenta de que algunos de los caciques indios con los que habían establecido amistad (Guacamari uno de ellos) faltaron a este pacto.

¿Qué debe hacer Cristóbal Colón? ¿Castigar a los rebeldes como le aconsejaban sus capitanes?

Y aquí se pone por primera vez en evidencia que Cristóbal Colón no era un hombre de estado ni un político, y sí un navegante, un descubridor.

Concede mucha menor importancia al establecimiento de un nuevo fuerte, y a un afán colonizador, que a su deseo de encontrar nuevas tierras que le evidencien la presencia de Asia.

Mas, después de navegar durante un mes sin encontrar lo que con tanto frenesí andaba buscando, decide por fin establecer un nuevo bastión en una playa abrigada. La nueva ciudad se llamó Isabela y fue nombrado gobernador el delegado real Antonio de Torres, hombre querido por todos y contra quien Colón jamás sintió recelos ni antipatías.

El 6 de enero de 1494 se celebró en la Isabela la primera misa del Nuevo Mundo.

Mas, las cosas no marchaban bien en el Nuevo Mundo. La Isabela sufre una epidemia de peste, y los hombres que han llegado a aquellas tierras con el afán de enriquecerse se decepcionan al no encontrar el oro prometido.

Afortunadamente, unos indígenas todavía fieles a los españoles comunican a Colón que hay una región llamada Ciba, donde abunda el oro. Hacia allí se dirigen casi todos los hombres, y la Isabela queda desguarnecida. No obstante, Colón ha tenido la precaución de dejar en la ciudad varios caballos, animal que para los indios es un ser misterioso y terrible, una especie de dragón cuya presencia les aterroriza.

Efectivamente, los caballos fueron llevados a América por los españoles, y un nutrido grupo de animales de este tipo fue transportado por Colón en su segundo viaje.

Hay algo que horroriza todavía más a los nativos que los propios caballos: los tubos de metal que escupen fuego y producen un fragor horrísono.

Tras algunos días de marcha, Colón llegó a Ciba

y allí, efectivamente, los españoles encontraron un filón aurífero que, si no es muy abundante, consigue llenar de nuevas esperanzas a los conquistadores.

Junto al filón descubierto, el Almirante funda en plena selva el fuerte Santo Tomás y deja allí quince hombres al mando de Mosén Margarit, un monje catalán.

Las contradicciones y las rivalidades aumentan, y Colón, hábil navegante, no sabe maniobrar con la destreza necesaria en tierra.

Cada hora que pasa le plantea nuevos contratiempos y es incapaz de organizar la vida de una colonia.

El problema del abastecimiento se convierte en una fuente de problemas, y a falta de otras riquezas encontradas, el Almirante decide que hay que labrar la tierra.

Pero los hidalgos que han acompañado a Colón en este segundo viaje no están dispuestos a rebajar su condición y pronto se trama un complot contra el marino.

La dureza con la que Cristóbal Colón castigó a los amotinados le granjeó todavía más enemistades, y fue acusado de ser suave con los indios y duro con los españoles.

La incapacidad para gobernar aquellas tierras con firmeza y justicia se hace evidente para el propio Colón y, hombre orgulloso que es, esto le llena de furor y desahoga su cólera de forma inoportuna.

Por fin, decide dejar a su hermano Diego en representación suya en La Española, y en tres carabelas se lanza de nuevo al mar en busca de la «tierra firme».

«Que la Historia me juzgue como capitán que fue a conquistar para España las Indias —dirá más tarde— y no como gobernador de villas y ciudades».

CAPÍTULO VIII

En la nueva expedición, Colón descubre la isla de Jamaica el día 13 de mayo de 1494. Pero, aunque el lugar es paradisíaco, el Almirante decide no fundar más ciudades y seguir navegando por entre aquellas islas, buscando desesperadamente un paso que le lleve a la tierra del Gran Kan.

Colón estaba muy decepcionado porque buscaba un continente y solo islas iba encontrando a su paso. En este sentido, el destino del Almirante es glorioso, pero, al mismo tiempo, trágico. Él no podía saber entonces que aquel nuevo continente estaba allí, al alcance de su mano, un Nuevo Mundo hasta entonces ignorado por los europeos.

Fue poco después de su paso por Jamaica cuando Colón se contagió de una enfermedad tropical que le mantuvo postrado en el lecho durante días y días, sumiso en un pesado sopor. Sus hombres, creyendo que ya nunca se repondría de aquella dolencia, decidieron variar el rumbo que él había fijado y regresar a La Española. Allí, Colón se reunirá con su hermano Bartolomé a quien la reina Isabel le puso al mando de una flota para que se reúna con él.

Mientras tanto, la situación de Colón frente a la corte se deterioraba lentamente. El padre Boil y mosén Margarit han vuelto de las Indias e informan a los reyes del desgobierno de la colonia española.

Por otra parte, tampoco de las Indias llegaban aquellos ansiados tesoros que tantas veces Colón había prometido a los reyes.

Pero eso sí, la reina Isabel recibe un cargamento de nativos que Colón ha decidido enviarle para que sean vendidos como esclavos, creyendo solucionar la falta de oro y piedras preciosas que prometió.

Pero esto disgusta a la reina que es contraria al tráfico de esclavos, a pesar de la opinión de algunos consejeros del rey que están dispuestos a sacar el mayor provecho de aquella aventura de las Indias.

Por fin, Colón decide volver de nuevo a Castilla para protestar personalmente por el envío que los reyes hicieron de una nueva autoridad a las islas. Y después de cincuenta y dos días de travesía, arribó Colón a Cádiz el 11 de junio de 1496.

* * *

Cuando Colón llegó a la corte, esta ardía en los preparativos para la boda de los príncipes. Juana —quien será conocida más tarde por «la Loca»—, va a casarse con Felipe de Borgoña —conocido por «el Hermoso»—, y el príncipe Juan, heredero del trono, casará con Margarita de Borgoña.

Como los reyes están muy ocupados en los preparativos de la boda, Colón decide enviarles una larguísima carta en la que se queja de su ingratitud después de haber él rendido tantos servicios a la corona. Al fin y al cabo, acaba de dar a Castilla un imperio como ningún otro de sus cortesanos se lo ha dado jamás.

Las razones de Cristóbal Colón convencen a los reyes, y su pericia marinera le abre la esperanza de una nueva expedición en la que pueda, por fin, encontrar «tierra firme».

Mientras tres de las carabelas se dirigieron directamente a La Española con equipo, provisiones y un pasaje de artesanos y hombres de paz, las otras tres seguirán bajo el mando del Almirante, explorando las islas.

Y fue precisamente en el transcurso de este tercer viaje cuando Colón puso pie en las playas de Venezuela. Pisaba por fin aquella tan ansiada «tierra firme» y, sin embargo, él tomó el lugar por una isla a la que la bautizó con el nombre de Gracia. Bordea, no obstante, las costas de la península de Paria, y encuentra allí oro y perlas en abundancia. También descubre el maíz, con el que los indios fabricaban un licor, y la grandeza del Orinoco le sobrecoge. Le hace suponer la existencia de extensísimos territorios tras aquellas costas.

¿Cómo es posible que Cristóbal Colón no se diera cuenta de que había tropezado con un nuevo continente que nada tenía que ver con Asia?

Sin duda, obsesionado por su primitivo proyecto esperaba ver aparecer de un momento a otro las tierras que tan detalladamente había descrito Marco Polo.

Las riquezas halladas le maravillan y escribe a los reyes contento de poderles dar la buena nueva.

Pero tanta maravilla tiene que ser abandonada, pues, por aquellos días atacó a Colón una rara enfermedad que parecía corroerle la vista.

Un año más tarde, Américo Vespucio, un florentino que era agente en Sevilla de la casa bancaria de Juanato Berardi, deslumbrado por las noticias que le llegaban de las nuevas tierras, embarcó en compañía de Juan de la Cosa y Alonso Ojeda, y el 18 de mayo de 1499 llegaron a las bocas del Amazonas. Recorrieron luego el golfo de Paria, y dieron a aquellas tierras el nombre de Venezuela (pequeña Venecia) por vivir los indios sobre palafitos alzados en las lagunas próximas a la costa y recordarles este hecho la ciudad de Venecia.

Posteriormente pasaron a La Española, de donde les expulsó el Almirante que se negó a reconocer su derecho a explorar unas tierras que le habían concedido en exclusiva las Capitulaciones de Santa Fe.

En 1504, se publicaron las *Cartas de Américo Vespucio* sobre las islas recientemente descubiertas, en la que el navegante florentino asociaba aquellas tierras realmente con un Nuevo Mundo y no con las costas de Asia. Y fue el cosmógrafo alemán Martín Waidseeüller quien propuso dar el nombre de América a los territorios recién descubiertos.

Fue así como se le arrebató a Colón parte de la gloria que en justicia le pertenecía.

* * *

Mientras tanto, a la corte van llegando continuas quejas sobre el comportamiento de Colón, que sus enemi-

Colón fue el primero en llegar al Nuevo Mundo, un continente maravilloso que después visitó Americo Vespucio, a raíz de lo cual se puso el nombre de América.

Obsesionado con su primitiva idea, Cristóbal Colón nunca se dio cuenta de que en realidad había descubierto un nuevo continente para los europeos.

Tiene que haber un paso a las Indias. ¡Tiene que haberlo!

gos se cuidaban de difundir. Llega también a la corte una carta del Almirante solicitando el envío de un jurista, «para que imponga orden en la colonia».

Los soberanos vieron en esta carta una oportunidad inmejorable para afirmar su autoridad y doblegar un poco el desmesurado orgullo que Colón había manifestado en los últimos tiempos. Envían, pues, a La Española a Francisco de Bobadilla, un hombre muy honesto y religioso.

Parte Francisco de Bobadilla para La Española con una carta firmada por los reyes en las que se decía que podía ejercer «la gobernación y el juzgado de las islas de Tierra Firme».

En esta carta de los reyes no se menciona para nada el nombre de Cristóbal Colón ni el de su hermano Bartolomé.

Francisco de Bobadilla se tomó tan en serio la orden de los reyes, que al llegar a las Indias leyó públicamente la carta que le habían entregado y aseguró que metería en la cárcel a todo aquel que se opusiera a su autoridad.

La noticia de cuanto estaba ocurriendo llegó días más tarde al Almirante, que se encontraba en Concepción, y dio orden al gobernador de la plaza de que organizase un ejército de indios si era necesaria su participación.

Este hecho es interpretado por Bobadilla como rebelión contra la orden de los reyes y no duda en encarcelar a los tres hermanos —Diego, Bartolomé y Cristóbal— para enviarlos a España y que sean juzgados por los reyes.

Nada mejor desea Colón. Sabe que, una vez más, podrá convencer a Fernando e Isabel de su lealtad a la corona y de sus muchos servicios prestados para mayor gloria del país. Y así, tras dos meses de permanencia en la cárcel de Santo Domingo, a principios de octubre, embarcó con sus hermanos en la carabela *La Gorda*, rumbo a España.

Por más que don Alonso Vallejo, capitán de la nave, quiso librar al Almirante de sus cadenas, este no le consintió. «Así se verá más la infamia de mis enemigos», piensa. No permitirá que le liberen de sus cadenas y con ellas se paseará por España para que todos vean en qué paran los favores de los poderosos. Sin embargo, oscuramente presiente que esta humillación más va a favorecerle que perjudicarle.

Y Colón no se equivocaba: el 17 de diciembre de 1500 los reyes recibieron a Colón, quien cayó de rodillas ante ellos, sollozando, y los soberanos se alzaron de su trono para consolarle. Y si bien restituyeron al Almirante todos sus honores y ventajas, no le permitieron ejercer nunca más en el Nuevo Mundo cargo de gobierno ni le devolvieron, hasta años después, los bienes adquiridos en La Española y que Bobadilla había confiscado.

Se trueca la carrera de Colón como gobernante y es muy posible que, desde la óptica de los Reyes Católicos, el navegante no les rindiera el mismo provechoso servicio como gobernador de las nuevas tierras que como descubridor de estas. Pero a pesar de que Cristóbal Colón pide y suplica, tampoco se le concede ningún nuevo permiso para organizar otra expedición. De nuevo vienen para él días de calvario, de inútil espera. Ir a la India se ha convertido en una cosa ya corriente para cualquier piloto con un poco de experiencia, y Alonso y Vicente Pinzón recorren con éxito las costas de Venezuela y la Guayana. Mas, para Cristóbal Colón está prohibido el camino que él mismo descubrió.

Colón se da cuenta de que ya solamente puede contar con la estimación de la reina, pero esta se halla vencida por la enfermedad y por la tristeza de haber perdido a sus hijos. En 1497 muere el príncipe Juan, heredero de la corona, y el príncipe Miguel, primogénito de la primera hija del los Reyes Católicos, Isabel y de Manuel de Portugal, quien hubiese realizado la unión peninsular como heredero del trono de Aragón, Castilla y Portugal, también fallece a los dos años, y su hija Juana mostró cada día, a decir de los doctores, más claros síntomas de locura.

La reina, pues, no pudo ayudar a Colón.

CAPÍTULO IX

En los días que pasó en aquella inútil espera, se entretuvo en redactar un libro que tituló *Libro de las profecías*, escrito en rima y en el que describía su proyecto para liberar a Jerusalén de manos no cristianas.

De Jerusalén pasa de nuevo a obsesionarse con la tierra del Gran Kan, e insiste frente a los reyes para que le den permiso de organizar una nueva expedición encargada de encontrar, entre todas aquellas islas que ha descubierto anteriormente, un paso hacia Catay y Cipango.

Ven los reyes en esto una forma de desagraviar a Colón y le conceden el permiso para un cuarto viaje, siempre y cuando no recale en La Española.

La nueva flota partió de Cádiz el 9 de mayo de 1502 y Colón va al mando de cuatro carabelas denominadas *Capitana*, *Santiago*, *Gallega* y *Vizcaína*.

Pero Colón pasará varios meses recorriendo la costa atlántica de América Central, navegando por la actual boca del canal de Panamá y las costas de Honduras, sin encontrar el paso que busca. Recorre una y otra vez las mismas costas, penetra en los estuarios de los ríos, se interna entre los arrecifes, va y viene sin pausa, y también sin resultados positivos.

El 17 de octubre se da cuenta de que sus barcos están en mal estado y vuelve a Jamaica, ya que se le ha prohibido recalar en La Española. Pero las naves están completamente podridas y, por si fuera poco, se ven envueltas en un terrible tornado.

Después de perder la *Vizcaína*, el resto de las naves acaban encallando en unas rocas del noroeste de una isla, en el territorio que bautizan con el nombre de Puerta de Santa Gloria.

Allí parecía que iba a acabar la gloria del Almirante. Colón, acompañado solo por dieciséis hombres, se encuentra aislado en una tierra sometida a las continuas rebeliones de los indios.

No obstante, el Almirante redacta una carta en la que pide ayuda y solicita a uno de sus hombres que la lleve a La Española navegando en una canoa que han podido comprar a los indios.

Y no sería justo olvidar citar aquí el nombre de la persona que llevó a cabo tan arriesgada aventura. Se llamaba Diego Méndez de Segura, quien, cuando Colón le manifestó su deseo, dijo:

—Señor, el pasar de esta isla a La Española en esa simple canoa no solo considero que es empresa difícil, sino imposible. Solicitad de todos vuestros hombres un voluntario para la empresa y si todos se negasen, entonces iré yo, que muchas veces he puesto mi vida en peligro de muerte por salvar la vuestra y también la de todos los que aquí están.

Satisfizo a Colón esta respuesta, y un voluntario

llamado Bartolomé Flisco acompañó a Diego Méndez en la empresa.

La travesía fue dramática y también la espera de Colón y sus hombres, que tendrían que aguardar durante un año y cinco días a que vinieran a rescatarles. Durante todo ese tiempo, Colón tuvo que soportar los terribles ataques de gota que le aquejaban, el hambre, la sed y la desesperación de sus hombres que le acusaban de no querer devolverles a Castilla.

Por fin vino a recogerles una nave que Méndez había comprado después de llegar a La Española.

Y cuando las velas se recortaron en el horizonte, la alegría de los náufragos fue indescriptible.

Enfermo, viejo y un tanto amargado, Colón regresó a Castilla el 12 de septiembre de 1504.

* * *

El 7 de noviembre de 1504 llegó a Sanlúcar de Barrameda en una nave carcomida y rechinante que apenas podía soportar los embates del mar.

Era la nave de Colón, quien regresaba a su patria de adopción.

El Almirante era ya un hombre viejo, de cabello blanco y cuerpo encorvado y enflaquecido. Sus manos temblorosas estaban recubiertas de una piel arrugada y reseca, como viejo pergamino, pero su mirada brillaba todavía con un destello de inquietud.

Los ataques de gota le atenazaban frecuentemente, y a su regreso a España el Almirante estaba tan enfermo que apenas podía abandonar el lecho.

Trabajosamente tomó tierra apoyado en el brazo de su hermano y en el de alguno de los hombres que le fue fiel hasta el final.

Quizá, justo en el momento en el que pisó de nuevo tierra española, ya estaba el Almirante soñando con una nueva expedición que le abriría por fin la ruta de Catay y la dorada Cipango.

Colón quiere hablar con los reyes, pero estos están en Castilla y tiene miedo de viajar hasta allí. El frío es un enemigo de su cruel enfermedad.

En Sevilla reposa y medita, y decide poner orden en sus cuentas renaciendo en él su viejo espíritu mercantil.

Encarga a su hijo Diego la defensa de sus intereses, y Colón confía en la reina, como siempre, para que se le haga justicia y le devuelvan lo que tan injustamente le han requisado en La Española.

Pero cuando una de las cartas que Cristóbal Colón envió a su hijo llegó a su destino, la reina Isabel ya había muerto.

Esta es una gran desgracia para Colón, que siente esta pérdida como algo irreparable. Y a falta de consuelo, de la confianza y el apoyo de la reina, Colón quiere saber si la soberana dejó algo para él en su testamento.

La reina nada habla de Cristóbal Colón en su último documento. Sin embargo, habla de los indios. Y pide a su marido, el rey, y a su hija Juana, «que prosigan sus esfuerzos de evangelización en las tierras descubiertas y que velen porque sus moradores no reciban agravio alguno en sus personas y sus bienes, antes bien, manden que sean bien y justamente tratados».

Desdichadamente para la política colonial española, los hombres que se trasladaron a aquellas nuevas tierras no supieron estar a la altura de los propósitos cristianos que su reina les había legado.

Pero a pesar de la irreparable pérdida de la reina, Colón no descansa en su lucha y si ahora no puede reclamar para sí el privilegio de una nueva expedición, que su salud no le permite llevar a cabo, reclama lo que cree que en justicia le pertenece.

Una y otra vez escribe a su hijo para que este se preocupe de sus cuentas. Escribe también al rey Fernando, quien le responde que espere que su hija Juana regrese de Flandes, «ya que a ella corresponde organizar las cosas del reino de Castilla, por la muerte de su madre doña Isabel».

A las constantes peticiones de Colón reclamando sus derechos en las Indias, responde la corte prometiéndole un feudo con carácter hereditario. Pero Colón se muestra inflexible y orgulloso: reclama una y otra vez que se cumplan las Capitulaciones de Santa Fe que la corte ha olvidado desde que envió a Bobadilla a poner orden en las Indias.

Por fin la reina Juana regresó de Flandes. Colón, algo mejorado, se desplazó primero a Salamanca y después a Valladolid siguiendo a aquella corte que no tenía nunca sede fija. Pero los nuevos reyes no se ocupan para nada de las Indias: la reina vive presa de su doloroso desvío, el rey se ocupa tan solo de su vida de juegos y galanteos.

No obstante, Cristóbal Colón escribe una última carta a los reyes en la que les asegura que todavía pue-

de rendir muchos honrosos servicios a la corte. Es ya la carta desesperada de un pobre anciano que sabe que su fin está próximo.

En Valladolid, pasa el Almirante sus últimos días. El 19 de mayo de 1505, mandó a llamar Colón al escribano Pedro de Hinojedo y le dictó su testamento. Nombró heredero universal a su hijo Diego, y le recordó sus derechos en las Indias.

Firmó después Colón aquel documento con la extraña firma que nadie ha sabido nunca descifrar, insistiendo, además, a sus herederos y a los mayorazgos de su descendencia que firmasen siempre con aquella firma como ahora hacía él. La firma en cuestión, seguida de la rúbrica, era la siguiente:

.S.
.S .A. S.
X M Y

Sintiéndose morir, solicitó que le acercasen a su lecho las cadenas que le puso Bobadilla y pidió a sus hermanos y amigos que le enterrasen con el hábito de la Orden Tercera de San Francisco, aquella vestimenta con la que tan humildemente llegó al convento de La Rábida.

El día 20 de mayo de 1506, Colón murió como una nave destrozada por los avatares de la vida.

El cronista Vernádez comenta la muerte de Colón con un párrafo escueto:

«Le sorprendió la muerte a la edad de setenta años al inventor de las Indias, el almirante don Cristóbal Colón, de maravillosa y noble memoria».

AHORA, ¿QUÉ ME CUENTAS TÚ?

1. ¿En qué personajes se inspiró Cristóbal Colón para emprender el proyecto de encontrar una nueva ruta marítima a Oriente?

   ....
   ....
   ....
   ....
   ....

2. ¿En qué consistieron las Capitulaciones de Santa Fe? ¿Qué se ofreció y qué se cumplió?

   ....
   ....
   ....
   ....
   ....
   ....

3. Tras leer esta pequeña biografía de Cristóbal Colón, explica la razón del nombre del Nuevo Mundo: «América».

   ....
   ....
   ....
   ....
   ....
   ....

4. ¿Por qué razón el papa tuvo que intervenir en los conflictos divisorios entre España y Portugal? ¿Cómo se denominó el tratado que dividió al mundo para los intereses de expansión de estos imperios?

5. ¿Actuaron justamente los Reyes Católicos con el Almirante?

ÍNDICE

Capítulo I 7

Capítulo II 17

Capítulo III 31

Capítulo IV 39

Capítulo V 59

Capítulo VI 77

Capítulo VII 85

Capítulo VIII 91

Capítulo IX 101

Ahora, ¿qué me cuentas tú? 111

Índice 113

TÍTULOS PUBLICADOS EN ARIEL JUVENIL ILUSTRADA

1. Eneida – Virgilio
2. El príncipe y el mendigo – Mark Twain
3. Corazón – Edmundo De Amicis
4. La madre – Máximo Gorki
5. El Cid Campeador – Anónimo
6. Hamlet – William Shakespeare
7. Las mil y una noches – Anónimo
8. Viaje al centro de la Tierra – Julio Verne
9. La isla del tesoro – Robert L. Stevenson
10. El fantasma de Canterville – Oscar Wilde
11. El diablo cojuelo – Luis Vélez de Guevara
12. El tulipán negro – Alejandro Dumas
13. El lazarillo de Tormes – Anónimo
14. La Odisea – Homero
15. Los miserables – Víctor Hugo
16. El conde de Montecristo – Alejandro Dumas
17. Don Quijote de la Mancha – Miguel de Cervantes
18. El último mohicano – Fenimore Cooper
19. Nuestra señora de París – Víctor Hugo
20. Simbad el Marino – Anónimo
21. Cyrano de Bergerac – Edmond Rostand
22. Romeo y Julieta – William Shakespeare
23. María – Jorge Isaacs
24. La cabaña del tío Tom – Harriet Beecher Stowe
25. La Ilíada – Homero
26. El tesoro de los incas – Emilio Salgari
27. La divina comedia – Dante Alighieri
28. La vuelta al mundo en 80 días – Julio Verne
29. Prometeo encadenado – Esquilo
30. De la Tierra a la Luna – Julio Verne
31. Veinte mil leguas de viaje submarino – Julio Verne
32. Crimen y castigo – Fiódor Dostoyevski
33. La isla misteriosa – Julio Verne
34. Albert Einstein – Flores Lázaro

35. Napoleón Bonaparte – Flores Lázaro
36. Alfred Nobel – Flores Lázaro
37. El Horla y otros cuentos – Guy de Maupassant
38. Cuentos – Edgar Allan Poe
39. Miguel Strogoff – Julio Verne
40. El Chancellor – Julio Verne
41. Fleming – Flores Lázaro
42. Martin Luther King – Flores Lázaro
43. Cristóbal Colón – Armonía Rodríguez
44. Leyendas – Gustavo Adolfo Bécquer
45. Albert Schweitzer – Flores Lázaro
46. El paraíso perdido – John Milton
47. Oliver Twist – Charles Dickens
48. El extraño caso del Dr. Jekyll y Mr. Hyde – Robert L. Stevenson
49. El retrato de Dorian Grey – Oscar Wilde
50. Resurrección – León Tolstói
51. Los hijos del capitán Grant – Julio Verne
52. Moby Dick – Herman Melville
53. Cuentos de Hoffmann – Amadeus Hoffmann
54. Historia de dos ciudades – Charles Dickens
55. Viajes y aventuras de Marco Polo – Flores Lázaro
56. Los últimos días de Pompeya – E. Bulwer-Lytton
57. Tragedia – Eurípides
58. El retrato – Nikolái Gógol
59. Las aventuras de Tom Sawyer – Mark Twain
60. El diablo de la botella – Robert L. Stevenson
61. Los viajes de Gulliver – Jonathan Swift

www.ingramcontent.com/pod-product-compliance
Lightning Source LLC
Chambersburg PA
CBHW031406040426
42444CB00005B/432